マーフィーの成功法則

新装版

人生に奇跡をおこす

ジョセフ・マーフィー 著
玉木 薫 訳

目　次

目　次

目　次

序にかえて

この本はあなたのために何をするか

人生であなたがほしいと思うものはなんでも手にはいります。あなたの中には広大無辺な力があって、それがあなたの夢をすべて達成してくれるからです。この広大無辺な力は世界中で最も偉大な力であります。あなたは、体を癒すために、また事業や職業の世界で繁栄するためにこの力を使用できるのです。この広大無辺な力はあなたを導き、指図し、正しい友や仲間をあなたに引きつけ、あなたの隠れた才能をひき出して、あなたが栄えるようにあらゆる方法で助けてくれるのです。それは、発明や有価証券や自動車や飛行機、不動産をつくったり、売ったりするときに働くのと同じ力と原理なのであります。

心の力に関しては、多数の本にいろいろと書かれていますが、この本の中ではあなたの全生活を変換するためにこの力をどう用いたらよいか、建設的で成功をもたらすような考え方空想の仕方また生活をより豊かにする方法などを書きました。このめまぐるしく変わる世の中で平和、満足、落着きを達成するにはどうすればよいかといったことをはっきり示すようにいたしました。

あなたは創造的な無限の可能性を持っています。そこで今までよりもっと金持で、より豊かに、もっと新しい物を創り出す創造的な生活へ進み、最も満足すべき結果を得るためにはこの広大無辺な力をどう打診すればよいかをこの本の各章であなたにお知らせします。この本で広大無辺な力に接触する簡単な方法と技術を学び、この奇跡を生み出す力を実生活で使用し始める時、あなたは前進し高められ、神の方に近づくのです。

私は、世界中の何万という人々の生活の中に愛を引き入れるために、また不和のある所に調和をもたらすために、苦痛のある所に平安を、悲しみのある所に喜びを、病気のある所に健康を、貧しい所には富をもたらすために、この広大無辺な力の使い方を教えてきました。

あなたはわくわくするような冒険を経験する

あなたと私は知恵と能力の宝庫を、そして私どもの中にある広大無辺な力のあらゆる宝物を探検し、奥底まで見とおそうとしています。あなたはこの広大無辺な力を日々の生活や、個人関係において、夫婦間の問題や家庭や勤務先の不和の解消に、その他あなたの生活のあらゆる面に用いる方法をおぼえるでしょう。

あなたは他人の経験から学ぶ

あなたの生活にまた他人の生活に数えきれないほどの祝福をもたらすために、あなたはこの奇跡を起こす力への接触の仕方や用い方を学ぶでしょう。この本であなたはこの広大無辺な力を使用した科学、芸術、事業、産業にたずさわる男女の話を読むでしょう。その人たちは、彼らが最大の願望をどのように実現したか、健康や幸福や成功をどうしてもたらしたかをあなたに正確に語ってくれます。ある方々は手紙はもとより名前や住所も公表するよう特別の許可を私に与えてくださいました。他の場合では書いた人の身元を守るため架空の頭文字を使用しておきました。

一歩一歩私が述べる方法について行きなさい。そうすればこの本に述べられている人たちのように、あなたもまたいちばん望んでいる夢以上の結果を得るでしょう。

この本の目的

この本はあなたに簡単な実際的な態度で、普通のことばで、より裕福な、より満ち足りたまたより輝かしい生活の送り方を示すことを意図しています。あなたのしなければならないことは、ただあなたの中にある広大無辺な力を用いることだけなのです。それは常に役にたち、あなたがそれを名ざすのを待っています。

外側を見ることをやめなさい。自分の内側を眺め、広大無辺な力と不思議な接触をしなさい。なぜならば態度と心を変える時、あなたの世界が変わるからです。この本の中で一度は送ってみたいと思っていたような成功した意気揚々たる生活に至る鍵をあなたは発見するでしょう。

この本に紹介されている方法やプログラムを使って、私が過去三十年間にわたって書いたり、講演したりしてきた精神的、霊的な法則をあなたは使用することができるのです。この本のページに示されている方法や過程はすでに何万という人々を指導してきました。あなたが健康や繁栄をまた幸福や心の平和を経験するようにこれらの方法は助けてくれるのです。

　あなたは一日中何かを考えているはずです。だから、あなたは自分自身の未来の発明家です。あなたの思考生活や考えの型を変える時、あなたはあなたの運命をも変えます。各章に略述されている偉大で広大無辺な真理を研究し適用することは結果的に最も効果の多い報いになるでしょう。

　そしてその後は最も豊かな経験をするようになりましょう。今すぐ、生活の型を自由にしはじめなさい。そして成就、完成、勝利に向かって前進しなさい。これからすぐ生活をもっと豊かに経験しなさい。

第一章　広大無辺な力と調子をあわそう

私どもの中には全く取りはずすことのできない力があります。世界を動かしたり、天のきらめく星を支配する力が私たちの中にあるのです。自分たちの内にあるこのビックリするような、しかもまだ用いられたことのない力と波長を合わせた人たちを私は知っております。その結果、ちょっとの間にその人たちの全生活が根本から変わってしまったので、友人たちはその人たちが誰だったか全然わからなくなってこういう挨拶をしたそうです。「あなたを存じ上げていたとは思いませんが」「あなたに何が起こったのでしょうか」。私どもは無限に発展することができる性質を持っています。そして私どもの中にある広大無辺な力に波長を合わせ始めると、この内部の力が病気や失敗また困ったことや意気消沈していること、混沌とした外部の事柄などをなくしてくれることがわかります。またそれは私どもの肉体を癒し、指導し、私たちのための門戸を開き、私たちの悲しみの涙を拭い、問題を解消することができます。そして私どもを幸福や自由や平静な心に至る大道に乗せて歩ませてくれるのです。

この広大無辺な心は私どもを励ますことができます。もし私たちが求めれば答えを与えてくれますし、また真実に生涯を打ち込む場所を探している時は、この根本の力に私どもは求めることができるのです。するとそれは新しい門を開き、私どもの行く手の道案内をしてくれるのです。たえずこの力と調子を合わせ、私たちの精神や肉体、いろいろの処理しなければならない仕事にその力を利用するのが私どもの権利であります。その結果、私たちはどんどんと前進し、高められて、あらゆる面で神の方向に向くことができるのであります。

●麻痺した腕が治った

私の講演に参加したある婦人が次のような手紙を送ってきました。

マーフィー博士、私の中にある無限の力への連絡の仕方について教示くださったことと、そのために私の受けたすばらしい答えとに対しなんとお礼を申し上げてよいかわかりません、深くお礼を申し上げます。あなたのおっしゃられた神のすべての力が私自身の心の中にあり、その力を私が使用することができるというお話。それが水素爆弾や原子力や電気よりも遥かに偉大であって何物にも比較できないくらい強力なのだということ。それが私の中に内在しているのだということについて考え始めたのです。十日間私は絶え間ない痛みに悩まされて、腕を上にあげることもできませんでした。時には苦痛で金切り声をあげていたのです。ところがかかりつけの医者に行く途中で、広大無辺な力に波長を合わせて「私の内にある全能の力によって今腕を自由に動かせる」と肯定したところ、痛みを少しも感じないで腕を水平にあげることができました。医者が診察した結果すべて順調だということです。誠に神の国は私たちおのおのの中に存在しているのです。

かしこ

カリフォルニア州　ロサンジェルス　ヘレン・ハンフォード

ハンフォード夫人は意識的に自分自身の精神作用の中にあるこの力を発見しました。その結果驚くような治癒が起こったのでした。神の力に喜んですがりなさい。そしてかずかずの奇跡をあなたの生活にもたらしなさい。

あなたは力を無限に貯えている

あなたは永遠に尽きない無限大の力を自分の中に持っています。あなた方は英知や愛や理解力の貯えも無尽蔵に持っています。また完全な調和や平和、溢れるような歓喜、名状しがたい美、たちどころに病気を治す力を持っているのです。すなわちあらゆる力、能力、エネルギーがあなたの内部で呼び出されるのを待っているのです。

陸軍の一部隊を牛耳っている将軍は、いつも自分の命令に従って動いてくれる人間と装備を手近に貯えています。これと同様にあなたが、とまどったり、うろたえたり、へまをやったり、恐れたり、失望したりした時には、あなたの精神的な貯蔵庫を訪れて、精神の元気を回復させて新鮮な英知や真理や美の新補給を計ることができるのであります。

常に役だつ更新と休養

次の手紙は、人が自分の中にある無限の宝庫から、どんなふうに力を引き出すことができるかを示しております。

マーフィー博士、ちょうど一年前の日曜の朝、友人があなたの講演に私をつれて行ってくれました。十八年間の辛い結婚生活の後、夫と別れるためにちょうど離婚の書類を提出していたところでした。その時は落胆して取り乱し、また恐れのため罪の意識でいっぱいになっていたのでしたが、今はたえず神と波長を合わせています。すると奇跡が私の生活に起こってまいりました。

あの朝のあなたの講演は、ほんとうに〝急所を突いて〟ました。また自分の考えと感情とを制御することを学ばなければいけないということを、私にほんとうにわからせてくださいました。以前は家族や友人たちのいうままになって、また世の中の否定的な考えに同調していたのですが、それ以来はあなたの講演やたくさんの著書の導きや助けを得て、驚くようなことが私に起こってきています。神経の薬もいらなくなり、日課の一部になっていた偏頭痛も消えてしまいました。四十歳になってこれまでの生涯に経験したことのないほど晴やかな健康的な幸福な気持を味わっております。また静かで積極的な健やかな人生観が、十代の二人の息子の生活を大きく変化させました。私の祝福は豊かです。毎日どの瞬間にも感謝しています。今すべての門戸はあけられて、更に大きな繁栄と心の平和が私の物になってきます。完全に私の心は克服されきっていませんので、ときおり、しっかりした理由もなく、以前の考え方や感じ方に辷り込んでいることを感じますが、あなたから学んだおかげで、その時は静かにすわって自分自身の中に退いて、神を訪れるようにしています。すると神の平和と愛が答えとなって私に流れてきます。周囲の栄光に私の眼をあけてくだすって、誠にありがとうございます。

かしこ

カリフォルニア州　ロサンジェルス　　Ｅ・Ｃ夫人

この婦人の絶えざる祈りは次のようなものです。

神は存在しています。そして神の存在は調和、喜び、平和、美また正しい行動となって私をとおして流れます。神の愛が私の魂に満ちて、私が祈るとき奇跡が起こります。

彼女はこの祈りを一種のメロディのように用いて、家事をしながら、またいろいろの義務を果しながら自分自身に歌ってきかせるのです。ちょうどいろいろな指示を受けるために戦場の将軍が首都ワシントンの国防省とたえず接触を保っているように、この婦人もいつも神や広大無辺な力と接触を保って、訓令や指導や神の御旨を受けるのであります。そして自分の心が指令するとおりに彼女は存在し、行ない、進む自由を得て、繁栄に恵まれたのでありります。

●広大無辺な力の導きに触れるには

次の手紙は旅行する時にぜひ必要な、体力、平静、無事などの根源とどのように接触を保ち続けたらよいかを示してくれています。

マーフィー博士、感謝しております。こう申し上げましても、まだ私の気持をじゅうぶんに表わせないのですが。私がしましたように、『あなたが神の方に向き直る時、神は愛をもってあなたの方にお向きになる』ということが私にはほんとうによくわかります。私がこの旅行中に経験したように、私の行く手を完全にするために、神がほんとうに私の前に先立たれて行かれたということを知る時あなたは決して独りではないのです。前癌状態の患者がみなしますように、十二月までモンタリーへいって五年間続けてきたX線療法の最後のしあげをしに戻る必要はありません。恐怖はありません。もう永久に治ってしまったのだということを私は常に知っているからであります。そして多くの人々が不治だと騒ぐこの病気は存在しないのです。ただ治らない人々が存在するだけです。

七月十二日にあなたのすばらしいお手紙を受取りました。そのお手紙にあなたはこうお書きになっていらっしゃいます。「神は御自身の聖なる寺院の中にいて、美として愛としてまた調和や平安となってあなたの中を通って流れます。だからあなたの肉体の中にあなたは神を見るのです」。ところで私は徒歩旅行中ずっとその手紙を身から離さず一日に数回何度も繰り返して読みました。

もし人助けのために何らかの方法でこの手紙の一部を使用したいとお考えになるようなときは、ご自由にお使いください。私もまた、私の保証を必要とするかたはもちろんあらゆる人々を助けたいと願っております。

ご存じのように私の心は感謝でいっぱいです。また今朝のラジオであなたがおっしゃったとおり「これは神の作りたもうた一日である。この一日に幸福であれ、そして喜べよ」です。

かしこ

ミセス・R

安全な旅行をするために

飛行機、自動車、汽車はもちろん、どんな乗物で旅行する場合でも、私どもの弱い知能を凌ぐ無限の英知や非常に大きな力と、たえず接触を保つことができます。次のことばを理解して、心から肯定しなさい。

この乗物は、ある点からある点まで、自由に喜んで、親切に動く神の意志なのであります。神の愛情は私に先立って行って、私の行く道をまっすぐに美しく楽しく、しあわせなものにしてくれます。神の永遠の愛の神聖な囲いに取りまかれ、抱かれ、くるまれて、私はいつも、神の存在する世界の真中にいるのです。常に神の全具足で保護されていることは、誠にすばらしいことです。

大学試験に合格する方法

親愛なるマーフィー博士、

ご存じのように私は病気のため数課目落第してしまいました。しかしあなたがお示しくださいましたように、「これから試験を受けるのに必要なもの、知っておかねばならないことをすべて神が私にお授けくださいます」と、私はこれまでずうっと祈ってまいりました。試験は先週の月曜の朝に行なわれましたが、その前夜にあたる日曜の夜、私は夢を見ました。その夢の中にあなたが現われて、物理と化学の本の中で勉強しなければならないページを教えてくださいました。私は午前二時に起き上がって夢に出てきたページを勉強し、まる一ページを暗記しました。前の晩その二冊の本の中の答えを何度も繰り返して読んでいたので、あらゆる質問に答えることができたのはいうまでもありません。私は教授の一人に私のみた夢について話しました。すると彼は笑って、私が冗談を言っているのだと考えているのでした。あなたのお助けを感謝いたします。

カリフォルニア州　ビバリー・ヒルズ　　D・L

この少年の潜在意識の中にある無限の英知は、その本来の性質に従って彼の求めに答えたのでした。この同じ無限の英知が・少年が夢の中で見たのと同じ質問を教授たちにたずねるように導いたのでした。聖書にはこう書いてあります。「主なる我は（あなたの広大無辺な潜在意識の法則）は幻の中で自分を彼に知らせ、そして夢の中で彼に話しかけるであろう」（民数記第十二章六節）。

長く行方不明だった兄弟が見つかった話

聖書にこう書いてあります。「あなたは全き平安をもってこころざしの堅固な者を守られる。彼はあなたに信頼しているからである」（イザヤ書第二十六章三節）。

ある男が私にこんな手紙をくれました。彼は二十年以上も自分の兄弟の行方がわからず会えないでいました。そうしているうちに、彼ら二人にある遺産が譲られたのでした。それでこのすばらしいニュースをぜひ兄弟に伝えたいと彼は切望しました。彼は手紙で次のように書いてきました。

親愛なるマーフィー博士、私はあなたの著書『人生に勝利する』（*The Miracle of Mind Dynamics*　産業能率大学出版部刊）を読み非常に印象づけられました。私は自分の心をかの無限の英知にいつも集中させました。私はそれを見ることはできませんでしたが、前の諸々の経験に基づいてその真実なことを確信していました。風は見えないがその微風が私の顔を撫でるのを感じることはできます。私は、兄弟の居場所を示してくれるようにこの無限の英知にたのみました。神の導きが今わがものになり、また無限の英知がわれわれをいっしょにしてくれるようにと、たえず繰り返し続けました。さて、先週私はニューヨークの会議に出席しました。そうしたらなんと驚いたことには、地下鉄で私の隣りにすわった乗客が二十年以上も会わなかった兄弟だったのでした。あなたがお書きになっている新しい書物にこの手紙がお役にたつかと思います。きっとこの経験は、私どもすべてにこの神秘的な力を信仰するように教えてくれることでしょう。

カリフォルニア州　サンフランシスコ　　T・L

生命の無限の海がわれわれすべての中に働いていて、どんな難問にもすべて答えてくれるということをあなたがたは、はっきりと知らなければなりません。ラルフ・ワルドー・エマーソンはこう申しました。「われわれのひとりひとりに指導者がついているのだ。謙虚に耳傾ければ、正しい言葉を聞くことができる」。

作用と反作用の法則は宇宙に遍在するもので、いたる所に存在します。あなたは作用反作用を相互に繰り返す宇宙を相手にしているのです。あなたは自分が蒔いた種を刈りとるのです。あなたは自分の求めるような答えを得るのです。

悲しみを克服した未亡人

次の手紙は、悲しい時や悲惨なことに出会った時、あなたの中にある平和な川にどんなふうに波長を合わせればよいか、そして内部の静寂、落着き、釣合、晴朗さなどの感覚を得るにはどうすればよいかということをわかりやすく示しております。

親愛なるマーフィー博士、私の愛する夫の死後、私は落胆してしまって何かにつけて不満屋になりました。ある友人があなたのお話を聞くようにとウイルシャーイベル座に私を招いてくれました。あなたは、私どもが愛する者を失うということはごく自然であり、じゅうぶんに泣くことは悲しみが癒されて行く過程の一部であって、悲しみの変転期には涙を押えたり、我慢したりしてはいけないと、言われました。あなたは、またいつまでも悲しんでいると生気や情熱や精力が奪われてしまうからいけない、悲しみを癒すには心の次の次元に住んでいる愛する者に対して祈るのが一番だと申されました。しかしほんとに私の悲しみを治してくれたものは、私どもは愛する者たちとしばしば別れなければならないが、実はみんな私どもの周りにいるのだというあなたの説明だったのです。ちょうど声がいろいろの周波で海底電線を伝わってくるように、あるいは扇風機が超スピードで回転する時羽根が見えなくなるのと同じようにわれわれの愛する者たちは私どもから離されているのです。あなたの講演の最中に突然私の死んだ夫が私と同じように生きていて、ほんとうの彼は心であり、精神であり、あるいは意識であるということ、そして彼の肉体はただの道具であり、今は第四次元と呼ばれるいっそう浄化し純化された形の別の体になっているのだということを私は悟ったのでありました。生命は決して生まれもしないし死にもしないので、死というものは存在しないのだということを私はほんとにわかったのでした。あなたが教えてくださったように、夫のために祈り始めました。その祈りは次のようなものです。

私は神様に私の夫をひき渡します。私には夫が神のお命と共に生きていることがわかっています。

夫の旅はいつも先の方へ、上の方へ、神の方向へと前進しており、生命というものは後戻りはしないし、また昨日のことで暇どっていないものだということを知っています。

私は、彼に愛と平和と喜びと善意を放射します。そして神の愛と平和が彼をとりまき、包んでいることを知っています。神の光が彼の中に彼を通して、彼の周りじゅうに輝きます。善意と慈悲とが彼の命ある限り彼の後に輝き、そして永遠に彼は神の館に住んでいるのだということを私は知っています。彼の旅は栄光から栄光に渡るものです。夫を考える時はいつも「神よ、あなたとともにあるように」と私は称えるのです。

二、三日の間このように祈ったところ、ひどく気持がなごやかになりました。私は心の中で生命は永遠であり愛は不滅のものだということを突然悟ったのでした。ほんとうに神が私の涙を拭い去ってくださいました。そしてもうそれ以上泣くことはありませんでした。かしこ　　　　　　　　　　　　　　　ミセス・X

広大無辺な力と波長を合わせ、その至福や調和や平和や喜びを経験することが、あらゆる問題への解答なのであります。聖書はいっております。あなたは全き平安をもって志の堅固なものを守られる。彼はあなたを信頼しているからである（イザヤ書第二十六章三節）。「あなた」という言葉はあなたに内在する神の存在あるいは無限大の命という意味に翻訳されます。

古代ヒンズー教の経典は、あらゆる人間を生かし、断固として存在する生命の本源についてこのように述べています。「生命の本源は決して生まれもしないし死にもしないだろう、水に濡れず、火もそれを燃やさない。風もそれを吹き飛ばさないのだ。かかる事柄を知っていてなぜ汝はそのために悲しむのか」。われわれの聖書にはこう書いてあります。あなたがたは、なぜ生きた方を死人の中にたずねているのか。その方はここにはおられない、よみがえられたのだ（ルカ伝第二十四章五、六節）。あなたの愛する者は今までよりもずっとあなたの近くにいるのです。

ヨハネ伝第十七章三節では永遠の生命を美しく説明しております。人があなたを唯一の真実な神だと知ること、これこそ永遠の命なのだ……。

ある実業家の話

ここに、あなた方の中にある広大無辺な力と正確に波長を合わせると数々の奇跡が起こることを証明してくれる手紙があります。

親愛なるマーフィー博士、私は聖書の中で、「信仰とは希望するものの実体であり、見えないものの証拠だ」ということを読んだことがあります。私の信仰は、現実の心の状態であり、繁栄の証拠で確実な前触れであり、人生の成功だということを私は知っています。私の信仰は、あなたの本『眠りながら成功する』（*The Power of Your Subconscious*

Mind　産業能率大学出版部刊）に述べられている心の法則に基礎をおいております。私には潜在意識の法則を正確に用いれば失敗することがないとわかっています。以前は朝食をとりに階下におりる時に、次のように言う習慣がついていたものでした。「今日もいつもと同じ憂うつな日になるのだ。仕事にいくのはいやだなあ、あのボスにはがまんできない。この国には今にひどい不況がやって来るぞ」こういった否定的な考え方をもっとたくさんしたものでした。去年の一月『人生に勝利する』と『人生は思うように変えられる』（*The Amazing Laws of Cosmic Mind Power*　産業能率大学出版部刊）を読んでからは、毎朝事務所に着くとある真理を肯定することを始めました。完全に落着いてから、その日の自分の日程を眺めた後で、十五分間はじゃまをしないようにと秘書に頼むのです。それから私はその日、一日が平和で調和がとれていますように、神が導いてくださいますようにと祈るのです。私は毎朝、次の祈りを用いました。

神は私という人間の中心に住んでいます。神は平和であります。平和という内部の川が、今私を包んでいます。私は一日じゅう、自信をもって熱心に行動します。事務所や農場の使用人たちは、みんな、それぞれ自分流に、神の力によって導かれ成功するのです。私とすべての人や雇用人たちとの間には、神聖な理解があるのです。われわれの精神と心には、神から援かった円満な結合があります。それでわれわれの仕事とその人たちの家族も祝福され繁栄するのです。神の愛と光は、母親が愛する自分の子供が眠っているのをじっと見守っているように、われわれすべてを見守っているのです。私は神に導かれて決定をいたします。会議を開く時には皆を祝福するような正しいことを言うように霊感を与えられます。たえず私は神の貯蔵庫から霊感を引き出すのです。神と神の法則を信じていることが、直ちに健康や金、成功、愛および調和となって実生活に現われていることを、私は知っております。それは、私や、友人たちや、従業員が、今すぐほしいと求めているものです。私はすべての者に愛と平和と善意をまきちらします。すると私は平和になります。

私は今日まで数ヵ月間、神の力と波長を合わせてまいりました。その結果フルに発揮されるようになってきたと私ははっきり言うことができます。私の家庭も事務所も調和がとれ、あらゆる点で従業員たちはこれまでよりもしあわせで仕事にも成功しております。私は更に大きな自信と確信を得て、今までよりいっそうしあわせであります。そしてあらゆる点で更に神に近づいております。すばらしい生活であります。

敬具

カリフォルニア州　ロサンジェルス　J・W

前記の手紙を書いた人はロサンジェルスに住む現代的な実業家の一人です。彼はビジネスを能率的で効果的にするには自分に内在する広大無辺な力と波長を合わすにかぎるということを学びました。そして秩序、調和、美、魅力でもって、言い表わしがたい不思議なことを引き起こすこの無限の富の貯蔵庫に波長を合わせることの魅力を知り始めたのであります。

●理想的な調子の合わせ方

朝も夜も次のすばらしい真実を規則的に肯定するようにしなさい。あなたが肯定したものは必ず実在すると感じなさい。言葉に命と愛情を込め、それをあなたの生活に意味あるものとしなさい。

私の問題に対する答えは、私に内在する広大無辺な力の中にあるのだということを知っています。私は今、穏やかに静かにくつろいでいて、平和であります。神、すなわち広大無辺な力は穏やかに話をして、うろたえたりしないということを、知っています。今広大無辺な力と私は波長を合わせています。それが完全な答えを私に示してくれることを、私は絶対に信じています。問題の解決について私は考えます。もし問題が解決されたなら、こうもあろうかと思われるような気分に今浸っています。私はこのいつまでも続く信仰と信頼にほんとうにひたっています。これが、解決の気分なのです。これは、私の内部で動いている全能にして広大無辺な力で、それが私の生活に現われてくるのです。私の全身は、解決の喜びに浸っています。私は感謝しています。

神は必ず答えるということを、信じています。神と共にあればすべてのものが可能になります。神は私の中に存在する広大無辺な力です。それはすべての英知と啓蒙の源泉であります。

神が私の中に存在するということが平穏と沈着という形で現われてきます。この無限の力と私が波長を合わせる時、緊張と苦闘の感覚はすべてなくなります。輝しい成功した生活を送るのに必要なすべての英知と力が私の中にあるということを、知っております。私は全身をくつろがせます。私の信仰は、この広大無辺な力の中にあり、神の平安が私の精神に心の中にまた全身にみなぎることを望み、感じるのです。私の静かな心がいろいろの問題を解決してもらっているのを知ります。私は私の中にある広大無辺な力が答えを持っていることを知っているので、その答えを要求します。私は平和であります。

★要　約●●●●●広大無辺な力に波長を合わせる手段

1　世界を動かす力はあなたの中にあります。それは全能であります。この力に波長を合わせなさい。そうすればあなたは奇跡と栄光とを放射するでしょう。

2　広大無辺な力はあなたに霊感を与えることができます。あなたの病気を癒し、新しい考えをあなたに示してくれます。また幸福と自由と平和な心に通じる公道にあなたを導くことができます。

3　広大無辺な力はあなたを創造しました。そしてあらゆる病気を癒す過程を知っております。ある婦人は「私に内在する神の力によって私は自由に私の腕をあげているのです」と自分に言いきかせ、このことが可能だと信じることで自分の腕を癒しました。

4　あなたはあなたの中に無尽蔵な貯えを持っております。陸軍の将軍は予備軍に依存していいます。あなたはいつ、いかなる時にでもあなたの内なる予備軍、すなわち力、知恵、強さ、指導、自由を要求することができるのであります。それらは常に即座に役だつのです。

5　「神は存在する。神の存在は調和、喜び、平和、美、正しい行為として私を通して流れている。神の愛は私の魂に満ち、私が祈る時に奇跡が起こる」という文句によって、あなたは調和、健康および平和の貯蔵所を訪れることができます。

6　バスや飛行機、自動車、汽車、いかなる交通機関によって旅行するときでも、熱意を込めて次のように肯定するのです。「神の愛は私に先立って歩み、私の行く手を真直に美しく喜ばしくしあわせにしてくれます」。あなたは不死身であります。奇跡があなたの旅行に起きるでしょう。

7　学校の試験に先立って、潜在意識の無尽蔵の知力に答えや指導を示してくれるように要求しなさい。そうすればあなたは正しい事実を勉強するように導かれ、答えがたぶんあなたの夢となってあなたに与えられるでしょう。

8　もしあなたが長期にわたって行方不明になっている兄弟や姉妹に逢いたいと思うなら、次のように祈りなさい。『神の導きが今私のものになっています。そして無限の知恵が私どもを一緒にしてくれます。』あなたの心のより深い流れがどんなに急速にあなたがたを一緒にしてくれるかにあなたは驚くでありましょう。

9　死は存在しない、ただ生命あるのみ、ということをあなたは現実にわかっています。また愛する者の神への新しい誕生を喜び祝福しながら、愛と平安と喜びを次の次元にいるその人にそそぎますので、神があなたの眼からすべての涙を拭ひ去ってくれ、それ以上泣くことがないということを悟るでしょう。

10　次の命の次元へ行ったあなたの愛する者たちは、ある力の周波数によって隔てられてはいますが、あなたの周囲にいるのです。あなたが今すわっている部屋は、テレビの映像でいっぱいです。家の外も、中もあらゆる種類の放送で満ちています。シンフォニー、歌、演説や人々で大気はいっぱいになっています。もしあなたが透視者か透聴者であれば、あなたは生きている人々だけでなく、いわゆる死んだ人々を見たりその声を聞いたりできるでしょう。

11　信仰とは心の状態であり、思考の方法であり、あなたの心の法則の知識に基礎をおいている霊的な確信であります。あなたの広大無辺な潜在意識の法則を正しく用いれば、あなたはけっして失敗することがないのです。

12　朝も夜も広大無辺な力と波長を合わせなさい。そうすればあなたはあらゆる点で更にいっそう能率的になり成功するようになるでしょう。あなたは神、すなわちすべての善なるものの与え主に更に近づくでしょう。そしていろいろのすばらしい事があなたの祈りにつれて起こるでしょう。

13　穏やかな心は問題を解決します。答えは必ず得られると信じて広大無辺な力にあなたの要求を向けなさい。

第二章　潜在意識はあなたをいかに導くか

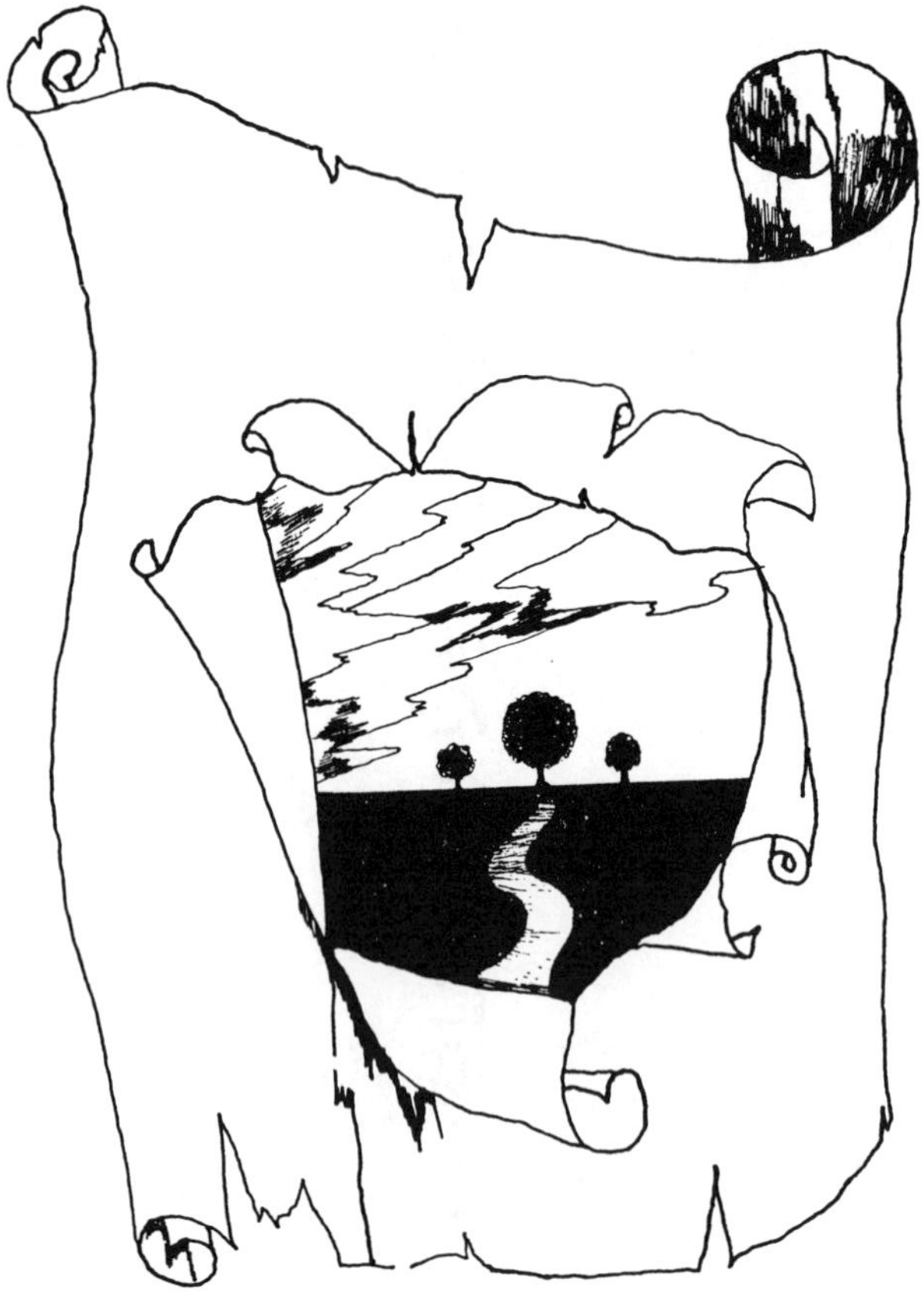

水槽の水は、あなたが栓をひねるのを待っています。栓をひねりなさい。そうすれば何万ガロンもの水があなたの役にたつのです。同様に、あなたの内部にある広大無辺な王国のすべての力はあなたが放出してくれるのを待っているのです。そうすればあなたに内在する無限の力があなたに答えて生活の中で活動を開始するのです。そしてあなたは自分自身と人類とを数えきれない方法で祝福できるようになるのです。

潜在意識は誤りなくあなたを導く

学問、芸術、産業および宗教の諸分野は、各人に内在する無限の発電所から引き出す高度の洞察力、勇気、自信、忍耐力を持った男女を必要とします。

もしウインストン・チャーチルが敵の第一撃に降服していたならば、イギリスは負けて侵略者のものになっていたかもしれません。しかしチャーチルの強力な信仰が彼の国民を立ちあがらせ、彼らに新しい精神的な夢を与えたのでした。

アブラハム・リンカーンの伝記は、彼が祖国のために役だつ人間になるまでは完全に失敗ばかりしていたことを指摘しております。彼のいろいろの失敗はわがアメリカの憲法を維持するための成功への踏台だと見なすことができるでしょう。リンカーンは、正しい行動の過程を認め、しかもそれに従わないのは卑怯者、臆病者の極印を押されることだとほんとうに悟ったのでした。

ガンジーの偉大な精神力の根源

マハトマ・ガンジーの若い頃の生活は屈辱的な身の毛もよだつようなものでした。彼は打たれ、蹴られ、監獄に投げ入れられました。彼が悲劇的な最期を遂げる前にも多くの暗殺者が彼を殺そうとねらっていました。しかしガンジーは不触賤民が数世紀にわたる農奴の身分から解放されるまで忍耐して、決して妥協せずに自分の偉大な仕事に打ちこんでやりとおしたのでした。

広大無辺な正義への信念、単一なビジョン、そしてすぐ行動に移す彼の勇気は、すばらしい結果をもたらしました。ガンジーは次のように言いました。「信仰とは自分に内在する神が生き生きと大きく眼を見ひらいていること以外の何物でもないのだ」。その信仰を達成してしまった人はほかの何物をも望まないのです。

優雅になった外交官夫人

ニューヨークの公会堂で行なった講演の後で一人のお嬢さんが私に近づいて来て、次のように申しました。「大使館勤務のある青年が私に結婚を申し込んでおります。でも接待をしなければならないだろうと思うと求婚を承諾するのが恐ろしいのです。私は外交官のエチケットも、そういう社会の会合での服装や指図の仕方も知りません」。

私はニューヨークにある優秀なチャーム・スクールに入学してみたらと彼女に申しました。彼女の声にはツンと人を刺すような響きのあることに気づいたので、聖書の教えるとおりいつも彼女の言葉が親切で優しくあるように練習することを彼女に忠告いたしました。おりにかなって語る言葉は、銀の彫り物に金のりんごをはめたようだ。ここちよい言葉は、蜂蜜のように、魂に甘く、からだを健やかにする（箴言第二十五章十一節、第十六章二十四節）。

私の忠告に従って彼女は朝も昼も夜も数ヵ月間いつも話をする場合、愛と親切と善意を込める練習をいたしました。二、三ヵ月たつと他人との関係が今までよりもずっと改善されてきていることに気づきました。彼女は私にチャーム・スクールは非常にためになったと書いてよこしました。彼女は生活の中で上品で優雅な振舞が自然にできるように身につけました。その上にきちんとした服装の仕方、歩き方、話の仕方、客のもてなし方や正しい姿勢、その他あらゆる場合に応じた行儀作法を教えられました。

だれかに「おはよう」と言う時には、その言葉が昔言外に意味していた事柄をほんとにわかっていなければならないのだと私は教えました。「おはよう」という言葉の内容は「神の光があなたの中に輝いています」ということなのです。また「お休みなさい」と言った時には「神があなたに眠りをお与えになるのです」と言っているのだということを知って、それを感じなければならないのだと私は彼女に話したのでした。

これらの簡単な真理を実現することが彼女の生活に転換をもたらしました。彼女は今若い外交官と結婚して自分の祖国のために大使館の客たちを優雅に魅力的にしかも威厳をもってもてなしています。そしてみんなに愛されています。

小さな毎日の言動を丁重にすることは生活を快くしますし、更に大きな丁重さは生活を高尚にします。心の礼儀があるということを記憶しておきなさい。それは愛というものです。愛から最も純粋な丁重さが外部の振舞となってほとばしり出るのです。

隠れた才能を見い出そう

一人の若い新聞記者が、仕事について非難を浴せられ、おまえは探訪記者としては落第だと言われて首になったと私に話しました。彼は数日間苦しみ、首にされたことを恨んでいましたが、遂に前の雇主を悪く思わずに解雇してくれたことを感謝しようと心に決めました。「私はあの仕事では失敗した。私はあの世界にふさわしくなかったのだ。私の才能はどこか別の所にあるのだ。神様が私にふさわしいとお思いになっているものをする時には、私はすばらしい成功を遂げるだろう」とつぶやきました。

私は次のようにしばしば祈るようにと彼にすすめました。

「無限の知力は私の隠れた才能を申し分なく発揮できるほんとうの場所を私に啓示してくれます。私は自分に示されるあきらかな指導に従って行きます」。

二、三日後に彼は牧師になりたいと非常に強く望むようになりました。彼は今神学校に入学してしあわせです。最近、彼は私に「こここそ、私のいるべき所です。私はここで成功するでしょう」と書いた手紙をくれました。彼の考えの変化が彼の生活を変えたのでした。

神の指導を実行する正しい方法

ある婦人が私に手紙をくれて、同僚の婦人が自分を敵だと言っていると訴えました。彼女たちは教会が同じでいっしょに教育委員会の仕事をしていました。彼女はひどくおこりっぽくて、そねむ態度を何度も今まで示したことを認めていました。私はアダムがすべての動物を名づけたことを、そして聖書の中の動物はいろいろな気分や感じ方また生き生きとした意識の情態を現わしているのだということを指摘した返信を出しました。たとえば、人を刺す蜂の針、驢馬の頑固さ、狐のずるがしこさ、ベトナムのベトコンの行動に見られるような虎の烈しさがあります。

「羊のように気の弱い」とか「生意気な」とか「いこぢな」とかいう言葉はみんな動物からとられています。人生におけるわれわれの使命はこれらの感情や性格を調和し、それらを積極的に神々しい方向に導くことなのであります。

彼女が疑いももたず毒蛇の針ももたず裏切ることもないからには、そんな愚かしい非難を浴びせられても腹を立てるべきでないということを指摘して、次のように祈ることを彼女に教えました。

私は神の力によってあらゆる面で導かれております。私とその夫人との間には調和と、平和があり、すばらしい理解があります。神の広大無辺な英知がその方法を見せてくれます。

ある日パーム温泉へ旅行すれば気分がよくなるかもしれないという考えがひらめいたの

で、彼女はそこへ出かけました。すると驚いたことにホテルのプールでその相手の婦人にぱったり出あったのでした。そして穏やかに愉快におしゃべりをしているうち、結局すべての心のわだかまりがほぐれました。彼女が自分の心の持ち方を直した時、驚くようなやり方ではありましたが、神の指導が彼女に働いていたのでした。

不可能を可能にする

次にあげますのは私の教会の受付係の人からもらった手紙です。これには潜在意識が根深い望みにどのように答えてくれたかが示してあります。

親愛なるマーフィー博士、私の第八回目の誕生日が近づいておりました。母は私にどんな贈物をもらったら一番うれしいかとたずねました。私は暇な時間はほとんど木彫をして過していました。そして近所の家を建築していた大工たちからいろいろよい知識を得ましたが、中でも良質の鋼鉄と優れた技術で造られたディストン製の鋸の話をきいてすっかり夢中になってしまいました。そこでその鋸があれば私の作品もいっそう良くなるだろうから、それを一本ほしいと母に申しました。

私を驚かそうと思って、母はその品を探しに出かけました。初めに方々の金物店、次に何軒かの古物商の店を訪れましたが、その品物に対する答えはほとんど紋切り型で「だめですね、まずないでしょう。戦争以来少なくとも数年間は造られていませんよ」というのでした。(それ以来またその品は生産されるようになりましたが)。

ひどく悄然として母は私に疲れ果てるほど探し回った様子を話してくれました。そしてディストン製の鋸を見つけることができないからには私に別の贈物を選んでくれるようにと申しました。「その鋸はおかあさんに金物店から見つけてきてもらう必要はないんだよ、でもその鋸は必ず手に入るとわかっているんだ」と、私は母に申しました。

私どもは家を売りに出しておりましたが、保証金を未交付押印証書にした買手がつきました。以前一度検査官に家と地下室の白蟻の検査をしてもらいましたが、買手は他の会社にたのんで再検査を希望いたしました。これは一般にはしないことでした。その再検査は前のよりも徹底したもので、その検査係は屋根裏も調べると主張しました。一時間後にその検査官は柄に手製の彫刻をほどこした美しい古い鋸をもって居間に下りて来ました。それには「ディストン」という文字が華やかな書体で彫られていました。昔この家は著名な音楽家のためにローレル・キャニオンに建築されたのですが、そのとき一人の大工が居間の大きな天窓の枠組と大きな暖炉の後の石細工との間の非常に狭いすき間に置き忘れていったものでした。

幼年時代に、あなたが私の内部にある全能の力を理解し、それと渡りをつけることを私に教えてくださったことをいつもありがたく思っております。

あなたの友人であるロージャー・コンラッド

この若者は八歳の時自分の潜在意識内にあるいろいろの力を発見しました。そして今日彼は建築界では最も名の通った人間となっております。

あらゆる地位の主人になれ

聖書は次のように言っております。見よ、わたしがあなた方をつかわすのは、羊をおおかみの中に送るようなものである。だから、へびのように賢く、はとのように素直であれ（マタイ伝第十章十六節）。

他の言葉に言い換えれば、進行していることを充分明敏に見る、鋭敏な具眼者であれということです。用心深く機敏でありなさい。そして心の中の指導と外部の助言に門戸を開きなさい。あなたは鳩の役割を演じなければなりません。鳩は清潔と平和のシンボルです。静かに近づきなさい。しかし同時に堅実でありなさい。そして真実を危くすることを拒絶しなさい。野性の馬の調教師のように堅固だが親切でありなさい。調教師は自分が主人だということを馬によく知らしております。でも彼は残酷な取り扱いはしません。決して叩くようなこともいたしません。

この二つの心がけを混ぜ合わせなさい。そうすればあなたは、たえず変化していく生活の中ですべてを支配する心の中の力を放射するでしょう。

広大無辺な真理を用いて前進せよ

独裁者や暴君、専制君主とよばれる人々は偽りの仮面を被っています。私たちはみんなヒットラーの大ぼらやムッソリーニ、スターリンその他の人々のまき起こした空虚な騒ぎを記憶しています。彼らはそれぞれ自分たちの深い不安感、未熟、劣等感、怒りや嫌悪などをひた隠しに隠しておりました。

多くの人々は絶えず偽善と見せかけを行なって、実際の自分とは違う姿をよそおっております。ある人が私に申しました「私が人に先んじてまずしなければならないのは優れた政治記者になって自分を誤り伝え、自分がどんなにすばらしい者かということを人々に話すことです。そうすれば新聞記事などの標題になるだろう」と。彼の考えは真理のごまかし、偽りの陳述や悪用こそは人に先んじる方法なのだということでした。しかしそれは違います。昨日も今日も永遠に変わらない生活の根本方針を信奉することこそ人に先んじることです。

広大無辺な力を用いて驚くべき勝利を得よ

マリー・キューリー夫人は人類の悩みを軽くすることに関心をもっておりました。彼女は発見をしようと生涯の仕事場でいっしょうけんめいに努力を尽くしました。彼女は息の詰まるような夏の炎熱にも冬の氷のような寒さの中でも最後まで忍耐して骨を折ったのでした。勝利の偉大な暁が表われるまで、彼女は忠実に継続したのでした。彼女は自分の内部の力に真実で、決して断念したりしませんでした。彼女のビジョンは勝利へと導かれました。そして彼女の絶対的な信仰と揺がぬ献身とが人類を祝福しているのです。世の中は当然彼女を天才として、また人類の偉大な恩人として喝采したのでした。

正しい人生観を持った人間は、雪や雨が降ったぐらいで、あるいは数回失敗したからといって自分の目標をそらしません。彼女は一度の成功、成就は数百倍の失敗を拭い去ることを知ってます。それどころかいわゆる失敗というものは結局失敗ではなくて、自分の勝利と栄光への踏石なのだということを知っています。

自分自身であれ

いんちきや、きどり、虚飾、真似や空虚な見せかけをやめなさい。見栄や尊大さは深い不安感や劣等感そして自己嫌悪の現われです。自分自身を新しく評価して設計図を作りなさい。あなたが自分の精神の持ち方をなおし、反抗癖、悪意、批判、自己非難を捨て、その代わりに調和、健康、平和、喜びまたは善意といった建設的な考えであなたの心を満たす時、あなたは未来の生活を効果的に変化させているのです。そして文字どおり一日中あなたがそうありたいと考えているものになれるのです。生命の原理と永久不変の真理に従って考えなさい。このとおり実行するとき、あなたは自信と保証また安定感や釣合を得るでしょう。無限な生命の根源とあなた自身とを提携させなさい。そして生命を豊かにし安全で正しい行為をすることで、真実を表現するようにあなたをとおして表わしなさい。

あなたは自分の考えるとおりの人間になる

今日のあなたはあなたの考えによってできあがっているのです。あなたはあなたの考えの総計であります。あなたは自分自身の命を預っております。そして他の人々が何をしようと、条件だとかでき事などがどうであろうと、そんなことはあなたの成功や幸福や運命とはなんら関係がないのです。

あなたの習慣的な考え方の本質から考えてあなたは自分自身を病気にも、貧乏にもまた不幸にもすることができます。あなたは自分の考え方しだいで死ぬことすらできるのです。

次のようにしばしば肯定なさい。私は神と神の広大無辺の英知、善きすべてのものを信じます。私は最上のものを喜んで期待して生活しています。そうすればすばらしくて思いもかけない不思議な事柄が毎日私の生活に起こります。あなたの生命の本（あなたの潜在意識）にあなたがこれらの真実を書きつけると、いろいろのすばらしい事柄があなたの生活に起こるでしょう。あなたの意識している考え方にあなたのいっそう深い心が答えるということを信じなさい。そうすればあなたは、あらゆる方面で繁栄いたします。

実益をもたらす信仰

ある男が私に「私は自分の馬がレースに勝つと絶対に信じております」といっていました。私はその男に生命の原理と潜在意識の法則の働き以外はいかなるものも「絶対に信じる」ということはできないのだと説明いたしました。原理や法則はけっして変化しません。それは永遠に不変な無限のものなのです。問題のその馬はレースで倒れて死にました。レースの結果や、面接などといったでき事をすべて無条件に信じるということは不可能です。

彼が信頼するものは、神であり、神の広大無辺な贈物のかずかずであります。善きすべての物であります。完成、成功や繁栄を信じるべきなのです。そうすれば彼の知らなかった方法で幸福が保証されるだろうということを私は彼に指摘いたしました。

またある男と結婚しようというかたい信念を持っていた少女のことを例にあげて彼に説明いたしました。結婚の準備ができて、われわれ全員は教会で待っておりましたが、花婿は現われませんでした。彼は教会へ来る途中タクシーの中で死んでしまったのです。彼女はその時自分が彼の生命も運命も支配できなかったことを悟ったのでした。彼女は冷静にその事柄を見守って、こう申しました「ところで神様は別の計画を私のために立ててくださるでしょう。またほかの夫を私に与えてくださるだろう。そしてその人は私の完全な伴侶になるだろう」。しばらくたって、彼女はすばらしい若者に逢いめでたく結婚いたしました。

人々は私に申します。「私は競馬《アイリッシュ・スイープステイクス》のかけに勝つと絶対に信じていたのだ」と。馬があなたの期待どおりに走るという保証はないので、これは真実の信仰ではないのです。

完全に神と神の愛、神の法則、神の広大無辺な導きを信じなさい。そうすればあなたは必ずどんなよきものでも手に入れることができます。心の法則と神のやり方に深く根ざした信念をもちなさい。そうすればあなたのするすべてのことは快適な道となり、また幸福に至る小道になるでしょう。

神の存在を信じて失敗に打ち勝った男

ある映画監督は、自分の監督している映画の成功、秩序、調和そしてすばらしい結果が得られるようにと祈ったと私に話してくれました。しかしものごとは自分が予期したとおりになるものではありませんでした。全部が失敗だったのでした。配役した俳優たちが大ぜい病気になり、ロケーションの日の天候は悪く、全部が失敗だったのでした。彼は私に次のように申しました「自分は成功を想像して、結果が成功したときのことを組立てて心に描いていたのでしたが、天候や太陽、月、星や俳優たちの生命は思いのままにすることができません。でも私は成功の原理を信じ、神とともにある者であるから、ロング・ランで失敗することはないのだということを実感したのでした。私は神の実在を信じ、決して変わらない生命の永遠の真理を確信しています」。

彼の次の映画は並はずれた大成功でした。そして彼は今日世界最高の映画監督の一人になっております。彼はけっして失敗することのない生命の無限の大道を信じました。彼は自分が成功するために生まれたのだということを知っています。失敗はわずかだったため彼は失望しませんでした。彼の信念は正しき場所にありました。けっして失敗することのない神と神の法則とともにあったのでした。

彼は私に次のように申しました。「私は天侯のことやトム・ジョーンズが明日も生きているかとか、サイン係りの男が決められた所にいるだろうかといったことには絶対の確信を持つことができません。けれども私は神は神だということを絶対に信じています。そして私にはそれだけでじゅうぶんなのです」といいました。これは一人のすぐれた映画監督の聡明な理性であります。

幸福で自由になるにはどうすればよいか

「有限のものだけが働いて苦しむのだ。無限のものは微笑して楽々と体を伸して休養している」とエマーソンはいいました。今あなたの中にある無限のものに波長を合わせ、それを訪れなさい。あなたが愛や真理または美という無限の生命の大海と提携した瞬間に、神の力があなたの生活の中で積極的に有力になり、あなたは深い安心感を得て心の中に休息を感じるのであります。

自分であることを学びなさい。誤った自尊心や思いあがりや見せかけを装うことはおやめなさい。あなたの内部にある神をあがめ、高め、ほめたたえなさい。あなたの中にある神の存在に対して忠誠と献身と誠を尽くしなさい。またそれを神であると悟りなさい。これは神を愛することです。そしてあなたが神を愛するとき、神はあなた自身なのですが、あなたは自然にあるがままの純粋な人間になれるのです。そうすれば神の喜びと神の微笑の中にあなたはいって行けるのです。

★要約……あなたの道を勝ちとる力

1　いわゆる失敗というものはあなたの成功への踏石にすぎないのです。

2　信仰とはあなたの中にある広大無辺な力を生き生きと眼を見開いて感じること以外

の何物でもありません。その信仰を達成した者は何も望まないのです。

3　あなたの周囲にいる人たちに朝も昼も夜も愛と親切と善意を注ぐことを実行しなさい。するとあなたと他の人たちの関係がたいへんに変化してくることに気づくでしょう。

4　導きを求める時は、「私のあらゆる道は神によって指導され、神が私の行く道を示してくれます」と深く肯定しなさい。神の答えがはっきりとあなたの意識する心にはいってまいります。

5　昨日も今日も永遠に同じである生命の基本的な真理を固守することにけんめいに努力しなさい。するとあなたは前進するのです。

6　勝利と大成功というあなたのビジョンに心の焦点を合わせなさい。そうするとあなたは必ず成功します。一回の成功は何百回の失敗を拭い去るものです。

7　あなたとは一日中あなたが考えているものなのです。あなた自身を生命の無限の根源に提携させ、生命があなたを通して豊かに安全に正しい行為となってほんとうの姿を表現するように流れさせなさい。

8　ときどき次のように肯定しなさい。私の信仰は神と善きすべての物の中にあり、私は最上の物を喜んで期待して生きてます。そうすれば予期しない不思議な物が毎日私の生活の中にたくさん生まれてきます。これを肯定するとき、あなたはあらゆる面で栄えるようになります。

9　ほんとの信仰とは馬や制度や個人や信条にあるのではなくて、むしろ神とけっして
変化することのないあなたの潜在意識との中にあるのであります。

10　けっして変わることのない永遠の真理をあなたが確信しますように。

第三章　広大無辺な力にめざめよう

心に最も深く根ざしている望みの一つは、あなたのほんとの価値を評価され、愛され承認を得ることなのです。「この世で神のように尊いものの一つは、人間の価値に対する人々の心の尊敬である」とカーライルは申しました。

詩篇の作者は第八篇三節―八節で人類にほんとうの自己を正しく評価することの重大さを次のような荘重な言葉で語りきかせています。

わたしは、あなたの指のわざなる天を見、あなたが設けられた月と星とを見て思います。人は何者なので、これをみ心にとめられるのですか、人の子は何者なので、これを顧みられるのですか。ただ少しく人を神よりも低く造って、栄えと誉とをこうむらせ、これにみ手のわざを治めさせ、よろずの物をその足の下におかれました。すべての羊と牛、また野の獣、空の馬と海の魚、海路を通うものまでも。

ここでダビデ王（詩篇の作者）は人間に内在する潜勢力について雄弁に美しく語っておりますす。今日われわれは熱心に宇宙探究にのりだしています。月の着陸も成功しましたから、われわれの時代に人間が他の惑星を訪れることも確実でありましょう。今日では私どもは、新しい発見をかず知れずもたらす人間の無限の知力の働きを目のあたりに見ております。私どもは光と超音速、電子工学や電気、ラジオ、レーダーの時代に住んでいます。科学者たちは、空気、空間、海洋に関する奇跡のすべては人間の心から生まれてくるということを告げております。

近頃ある数学者は抽象的概念だけが世界を説明することができる、そして今日の陸地や海や空中で起こるでき事を理解できるのは物理学者か数学者だけだと私に申しました。

内部にある力

今日人は自分の心のいっそう深い所にある水域にはいりこんで航行しているのです。また徐々に自分の中にある神の国をも知るようになってきています。デューク大学や他の大学研究所の調査研究では精神感応、透視力、透聴力、心霊研究、超感覚的な旅行、予知、過去認識作用などを発見する人間のいろいろ不思議な心の力を解明しつつあります。

自負心を得るには

最近私はアリゾナの一婦人から手紙をいただきました。その手紙には彼女の小姑と姑が彼女を不満とし、夫の先妻のほうが好きだと無遠慮にも彼女に言ったと書いてありました。彼女たちは彼女を自分たちの家には決して招待しないで常に夫にだけ訪れるようにと頼むのだそうです。その上、あいそよくしようと最善を尽しても、彼女の食事や家族、服装、話し方を批判しました。この婦人は、自分が劣っているので拒否されているのだと感じたと書いていました。そして「なぜあの人たちはこう意地悪にするのだろう。私のどこが悪いのだろう」と私にたずねたのでした。

私は返信で、彼女がこれまで不必要に根拠もないのに悩んでいたのだということと、彼女には婚家先の人たちの悪意のある言葉や無礼や無作法を拒み、はねつける能力があるのだということを指摘してやりました。また彼女が自分の姑や小姑を創ったわけではないこと、彼女はその人たちの嫉妬深い羨望の態度や偏見には責任がないのだということを説明してやりました。そして彼女はその人たちを祭りあげることやその人たちの靴拭いになることをやめるようにと書きました。靴拭いというものは、人がその上を踏み歩くものですから。

彼女の魅力、優雅さ、親切そしてすばらしい性格がその人たちを困らせている。またその人たちはたぶん彼女を邪魔して残酷な満足感を味わっているにちがいないと、つけ加えたのでした。

彼女はその人たちといっさい関係を絶ち、彼女らにおもねることで自分の品位を下げるのをやめるべきだと、私は彼女に提案いたしました。また彼女には自重、自尊の態度が必要だと言って、一日三回次の祈りをとなえるようにと申しました。

私は完全に婚家先の人々を神に引き渡します。神は彼女らを創りそして扶養しております。私は愛と平和と善意とを彼女らに放射します。そして私はその人たちのために、神のあらゆる祝福を望みます。私は神の子であります。神は私を愛し、私のことを心配してくれます。怒り、恐れ、自己非難や憤りという消極的な考えが心にはいってくると、私の中心にある神の考えで直ぐにそれを押しのけます。私は自分の思考や感情を完全に支配していることを知っています。私は天国に通じています。私は今は私のすべての感覚や感情を調和的で建設的な線に添って再指導します。神の考えだけが私の心の中にはいり、私に調和と健康と平和とをもたらすのです。私の品格や地位を下落さす傾向のある時は、いつでも私は大胆に次のように断言しましょう。「私は自分の中心にある神をほめたたえます。私は神と共にある者です。神と共にある者は勝ち越しています。もし神が私を支持してくれるならば、だれが私に反対することができましょうか。」

彼女は忠実に以上の祈りを守り、また私の他の教えをも実行しました。二、三日前に彼女から祈りの結果を書いた手紙を受取りました。

親愛なるマーフィー博士、あなたの御手紙並びに同封されてあったお祈りに対して御礼を申し上げます。私は婚家先の人たちに電話をかけて私たち夫妻が、特別招待をする時以外にはいかなる時でも訪問なさらないようにと言いました。私はまたその人たちがしあわせであるように望んでいたし、いつもそのつもりだったのだと伝えました。私は今自分のまちがっていたところがわかりました。その人たちよりも自分が劣っていると思うことで実際にどんなに自分自身を不利な立場においたかを知っています。あの祈りは奇蹟を働きました。私の夫は過日私に次のように申しました。「おまえはかがやいている。いったいどうしたんだい」と。そこで私は夫に話しました。私たち二人は非常に感謝いたしております。

ミセス　L・M

臆病と内気を克服する

しばらく前に、自分は内気で臆病で怒りっぽいし、世の中は過酷で残酷だと感じていたあるセールスマンの相談にのったことがありました。実際に彼は自分の生活を正しく支配しようとしないで、逃げることばかり考えていました。彼の妻も親方も知人たちも彼を正当に理解してくれないし、子供たちまで彼を見下げていると彼は言うのでした。

このすべての原因は、この若者の心の奥に不安定感と無力感があったからでした。また彼は自分自身にひどく当たりちらしていたのでした。他人に正しく理解してもらうにはどうしたらよいだろうかと彼は私にたずねました。

私は彼にこの偉大な聖書の句を思い出させました。自、分、を、愛、す、る、よ、う、に、隣、り、人、を、愛、せ、よ、（マルコ伝第十二章三十三節）。

この聖句のほんとうの意味は汝の隣り人とはあなた自身なのだということなのです。なぜなら本来のあなた自身は神なのであります。テニソンは言いました「あなたは彼に話しかける、なぜなら神は聞いているから。そうすれば心と心とがふれることができる、神は呼吸するよりも更に近い所にいる、そして手や足よりももっと近いところにいる」と。

この聖句の別のありふれた意味はあなたが自分を愛するようにあなたの隣人を愛するということであります。私はこの青年に自分自身に対して真実であることと、どう自分を愛するか、今までよりも更に深く自分を正しく理解するにはどうすればよいかということを次のように説明しました。もし自分をおとしめたり、非難したり、さげすんだりすれば、彼は立ち上がることもできないし、他人に尊敬や善意を払うこともできません。というのは人間という者は絶えず自分の考えていること、感じていること、また信じていることを他人に投影しているからです。自分が現わしているものは自分に返ってくるというのが広大無辺な心の法則なのであります。

人間は神の子であります。そして神のすべての性質も力も人間の中にあって表現されるのを待っているのです。人間は内在する神を愛し尊敬しなければなりません。

自己愛の真の意味

自己愛の聖書にみられるほんとうの意味は、あなたの中にあるいきいきとした心を敬い、認め、崇め、尊敬し、それに全忠誠をささげることであります。

あなたをこしらえ創ったこの最高の知恵があなたを生かしそして支えるのです。それはあなたに内在する生命の原理なのです。これは利己主義とか自分を誇張することとはなんの関係もなくて、反対にあなたの目的を形づくる神への健全な尊敬なのであります。「あなたの体は神の宮なり」と聖書に書いてあります。ですから聖ポールが申しますように、あなたの身体に宿る神をまたあなたは賛美するべきなのです（コリント人への第一の手紙第六章二十節）。自分自身をあがめ、尊敬し、愛するならば、あなたは自動的に他人を愛し、重んじ、尊敬することでしょう。

このセールスマンは注意深く、むさぼるように聞いていました。そして私に「以前にこんな説明を聞いたことがありませんでした。私はこれまで何をしていたかをハッキリと悟ることができました。私は自分をおとしめておりました。そして偏見、悪意、悲痛に満ち溢れていたのです。それで私が外に表わしていたものが私にはね返ってきているのです。私はほんとうに自分自身を見抜きました」。

一日に数回このセールスマンは心をこめて次の真理の肯定を実行しました。そしてその真理が彼の意識から潜在意識に沈下して行って、ひまわりの種が必ずひまわりを咲かせるように真理の花を咲かすのを知ったのでした。

私は自分が持っているものだけを与えることができるのだと知っています。これからさきは、神である真の自己に対して健全な、尊い、深い尊敬を払おうとしています。私は神を現わしています。そして神は私が置かれている所に私を必要としています。さもなければ私はここにいないでありましょう。この瞬間から後はどこにでもいるすべての私の仲間やすべての人々の中にある神をあがめ尊敬し敬礼いたします。私はどんな人でも尊敬し、高く評価いたします。私は神と共にある者です。私はすばらしい成功者です。そして私が自分のために望むものをすべての人々のためにも望みます。私はやすらかであります。

自己を愛することを学びなさい

前記の若者は自分の生活を変えました。彼はもう内気でも、はにかみやでも怒りっぽくもありません。彼はとんとん拍子に追い抜いて行きました。あなたもこの若者のようにできるのです。本来のあなた自身を愛することを学びなさい。そうすれば他人を愛し尊敬することを覚えるでしょう。

男よ、おまえが見るものに
おまえはならねばならぬ
もし神が見えれば神に
もしおまえが塵を見れば、塵になるのだ。

よみ人知らず

自責の念と悩みを克服する

数ヵ月前にある男から私は手紙を受取りました。その手紙には彼の周りの人がそろいもそろってみんなで自分を困らせるのだがなぜなのか理解できないと書いてありました。私は彼に来て私と会うように言いました。そして私は彼と話していて彼が絶えず他人をおこらせていることに気づきました。彼は自分自身を好きになれず、自責の念でいっぱいでした。彼は非常に張りつめたぴりぴりする口調で話しました。彼の辛らつな話し方は人の神経をいらいらさせます。彼は自分についてはつつましく考えるのですが、他人に関してはひどく批判的でした。

彼の不幸な経験は一見他人にあるように見えますが、彼と周りの人たちとの関係は彼の自分と彼らとについての考え方、感じ方によって決定されるのだということを彼に説明いたしました。もし彼が自分を軽蔑すれば彼は他人にも善意や尊敬をもつことができないという事実について力説しました。なぜならば心の法則に従って彼はいつも自分の仲間や自分の周りのすべての人たちに彼の考えや感情を投影しているからです。

彼が他人に対して偏見や悪意や侮辱の感情を投影する限り、彼の世界は彼の心持また態度の反響にすぎませんから、それは正確に彼に戻ってくるのであるということを彼は理解し始めました。

黄金律を実行すること

彼が立腹や傲慢さを征服することができるように精神的、霊的な公式を私は彼に与えました。そこで彼は、潜在意識に次の考えを意識して書きつけようと決めました。

私は今後黄金律を実行いたします。黄金律とは、私が他人にこう考えてもらいたい、こう話してもらいたい、こうしてもらいたいと望むように、他人に行なうということです。私は落着いて自分の道を歩みます。私は、すべてに自由を与えていますから、何ものにも捕われません。私は誠実にすべての者に平和と繁栄と成功とを望んでいます。私は常に心の平衡と落着きと静けさを保っています。神の平安が私の心と全身に溢れます。

私が私自身を正しく理解するように他人も私を正しく理解して尊敬してくれます。私は大いに生活に恵まれています。なぜならあらゆるものを豊富に、与えられていますから。もはや生活のささいな事柄に悩まされることはありません。恐怖、心配、疑惑、批判が、戸口を叩く時、私は喜びを信じ誠実と美を信じる気持で、心の扉を開くのです。そうすると、そこには何もありません。他人の指図も申立ても力を持ってはいません。唯一の力は私自身の考えの中にのみあるのです。私が神の意志を思う時、神の力が善についての私の考えと共にあるのです。

このような真実を朝も昼も晩も彼は肯定いたしました。そしてその祈り全部を暗記いたしました。彼はこれらの言葉を愛《いと》しんで生き生きと意味をもたせました。この思想がだんだん浸透していって、彼の潜在意識の各層に浸み込みました。彼はそのことを手紙に書いています。

親愛なるマーフィー博士、まず第一に、私が今日静かな幸福な感情をもてたことであなたに感謝いたします。これは私が自分の心とその働きを新しく理解したためにもたらされたのだということを私は十二分に知っています。なぜ私が自分自身やすべての人たちを高く評価するのかを私は知っています。私は自分自身を敬います。そうすることによって私は神を敬っているのです。

今私はその他大勢の中から抜きんでる方法を学んでいます。だんだんうまくいって過去二ヵ月間に二回昇進いたしました。次の聖句の真実なことが私にはわかっています。

そして、私がこの地から上げられる時にはすべての人を私のところに引きよせるであろう（ヨハネによる福音書第十二章三十二節）。感謝を込めて。

L・J

上記の手紙はどんな人でも立腹や悩みを征服しうるということを明らかに示しております。この青年は困った問題が自分の中にあったことを知ったのでした。そして自分の考え方や感じ方を変えようと決めました。そして反応が起きたのです。誰でも彼と同じことができるのです。それには決心がいります。頑張りと自己を変えようとする強い望みです。あなたも行って同じようにしなさい（ルカによる福音書第十章三十七節）。

小さな先端を眺めなさい

私の友人のある天文学者は、望遠鏡を通して創造の物語と宇宙の謎への答えを求めて数年間空を細かく調べて来たが、最近彼は相変わらず望遠鏡の小さな先端にいて自分自身の中を眺めていると私に話しました。望遠鏡のその小さな先端は重要な末端だと彼はつけ加えました。というのは人間の中には神が存在し、そして創造の全体の不思議と秩序の神秘があるからなのです。

人間は自己を知る時、宇宙をも知ることでしょう。今は分析者を分析する時です。自己の外に幸福、平和、繁栄を見出そうとして、人間は自分自身の内部、自分の潜在意識の中にある富の無限の貯蔵庫に注意することを怠っていたのでした。あなたの考えや感情、生命の永遠の真理と精神的な価値が同一であるという意識を通して、あなた自身の心の中で知る以外にどこに落着きや釣合や平和や幸福を見い出せるでしょうか。ウイリアム・シェイクスピアは申しました。「人間は何という不思議な作品だろう！　理性は何と気高く、能力は何と無限で、形と動作は何と適切で見事なことだろう！　その行動は何と天使に似、その理解力は何と神に似ていることだろう。」（ハムレット第二幕第二場、本多顕彰訳）

自分をいっそう高く評価する方法

ラルフ・エマーソンが申しました。「個々の人すべてに共通な心が一つある。そして各人は同じものに至る入江であり、すべての人間は同じものから生じたのだ」と。また彼は「理性を使うことを許された者は、全財産を所有した自由民である」と申しました。

この言葉を今から信じなさい。無限の知恵が、宇宙を導く原理があなたの中に存在するということを実感しなさい。そうすれば病気を無限に治す神の存在が、生命の維持に必要な身体の重要な諸器官やあなたの体のあらゆる過程や機能を支配するのです。するとあなたは選択能力がそなわります。あなたの想像やあなたの中にある神のすべての力を使用することもできるのであります。あなたの精神は実際は神の精神なのです。あなたが意識して建設的に自分の中にある無限の知恵を使用する時、あなたはすべての状態から自由に解き放された者になれるのです。

エマーソンはこの深い真理を説いて、自分自身についての考えを拡大するようにあなたをはげましています。「プラトンが考えたことを人間は考えるかもしれない。聖人が感じたことを人は感じるかもしれない。またいつでも人間に降りかかってくることを、人は理解することができる。万人共通の心に接近している者は存在するものすべての仲間であり、為されることのできる全部の仲間なのである。なぜならこれは唯一にして最高の行為者だからだ」。

エマーソンはアメリカ最大の哲学者で、人類の歴史上最高の思想家の一人でありました。彼は絶えず無限の力と調子を合わせていました。そしてすべての人々に彼らの中にある無限の可能性を解放することを促しました。エマーソンは人間の威厳と壮大さを教えました。そして彼の話を聞く人たちに、私たちが膝まずくからこそ偉大な人は私どもにその偉大さを現わす。またプラトンや他の人々が偉大なのは、彼らが自ら考えたことに従って行動したので、他の人々が考え信じたことに従わなかったからだということを指摘いたしました。

これからは自分自身に対して高貴な威厳のある概念を持ちなさい、そして詩篇の作者（ダビデ王）がすべての人々に言ったことを思い出しなさい。わたしは言う、「あなたがたは神だ、あなたがたは皆いと高き者の子だ」（詩篇第八十二篇六節）。

新しい自己評価で健康が増進した

次の手紙が事実を伝えております。

親愛なるマーフィー博士、あなたが『人生に勝利する』という本をお書きくださったことに感謝してこの手紙をしたためました。私は十六回ほど繰り返し読みましたが、それ以上にさっそく応用してみました。私は泣きごとを言ったりブツブツ不平を言うことをやめました。するともはや苦しいとも腹立たしいとも憎らしいということもありません。

私の夫は一年前に私を捨てて私よりも若い女の所に行ってしまいました。私は急性の関節炎にかかりましたが、その原因は打撃、怒り、憎悪といった私の感情によるものだと医者が言ったほどの烈しい怒りに苦しんだのでした。過去三ヵ月間毎日あなたが申されたように、私の肉体は生きた神の宮殿であり、私は自分の体の中の神を讃美するということを大胆に主張いたしました。過去数ヵ月、毎日毎日朝に夕にまた夜に約十五分間、神の愛が私の体のどんな小さな部分にも浸透していて、神が私の体全体を浸しているのだと肯定いたしました。私はまた前夫のために祈りました。

私の体に驚くべき変化が起こりました。あの浮腫と耐えがたい痛みがなくなり、関節は驚くほどしなやかに楽に動かせるようになりました。そして積りに積ったカルシュームも徐々に消えていっています。私の医者は喜んでおりますし、私も同様でございます。

私は神の子であり神は私を愛し、私のことを案じていてくださるのだということを常に理解しています。この新しい自己評価が私の生活に奇跡を行なっているのだと私にはわかっています。前夫に対する憎悪はすべてなくなりました。そして私は完全な健康をとり戻しつつあります。神の法則と秩序が私を支配しているのです。

私はあなたのお書きになったものに対して永久に感謝申し上げます。ミセスW・M

この婦人は真実の自己を正しくみる力がなす奇跡に気づきました。彼女は、自分は神が住んでいる宮殿だと考え始めた時にそれを見い出したのでした。そして彼女がこの神の存在を敬い、あがめ、求めた時に神は愛、平和、自信、喜悦、活力、完全、善意の感情となって答えたのでした。

彼女が己を愛し尊敬し始めた時、すべての憎悪が消え真空を満たすように愛が突然どっとはいってきたことに気づいたのでした。愛というものは健康や幸福や成功、繁栄の法則を達成させるものであります。

事業に成功するための公式

ロサンジェルスの著名な実業家が、自分の成功と繁栄の秘訣は偉大な真実を学んで、それを毎日実演しているからだと私に話してくれました。これが彼の公式であります。

他人の中にある神と、私の中にある神とは、同じだということを私は知っています。そこで、もし私が他の人を傷つければ私自身をも傷つけることになりましょう。それは愚かなことであります。これをよく心得て、私はあらゆるものの中で最も偉大な公式を実行いたします。私は他人の中の善なるものを、祝福し、あがめます。私は他人の利益を助長することを重視します。そうすると、私自身の利益も、増してくるのです。私は自分の兄弟の家へ戻ってくる船は、私の家へも帰ってくるのだということを、知っています。

上記の公式を実行しなさい。そうすれば自分をよりいっそう好きになるでしょう。あなたは石に教えを、木にささやきを、小川の流れには歌を聞くでしょう。そうするとあなたの仲間を含めてあらゆる物の中に神を見るでしょう。

★要 約●●●●●この章の有益な指針

1 心の中に最も深く根ざしている願望の一つは、自分のほんとうの価値を認められたいということです。すなわち尊敬され、正統に評価され、そして愛されることなのです。

2 大学の研究室は、人間の中に存在する、見る、聞く、感じるなどの五感や身体の感覚器官にたよらずに旅のできる能力といった人間のいろいろなすばらしい力をしだいに解明してくれます。

3 あなたは、心の中にあるあらゆる否定的暗示や他人の批判的な言を排斥し無効にする力を持っています。あなたが自分自身を批判しがちになったり、自らを責めるような傾向がある時にはいつでも「私は私の中心に存在する神をあがめます」と肯定しなさい。

4 「汝の如く汝の隣人を愛せよ」ということは、あなたの中にある神の力すなわちほんとうのあなた自身を敬い、あがめ、理解し、愛し、それに完全な忠誠を誓うことを意味するのです。

5　真の自己愛は利己主義や自己強化や病的なわがままとは何の関係もありません。反対にそれはすべての人間にとって真実である内在する神への健全な尊敬の表われなのであります。

6　あなたが出すものはあなたにはね返ります。生活は反響です。それ故にすべての人々や全世界に向かって愛と平和と善意と祝福を送りなさい。そうすれば数えきれない祝福があなたに戻るでしょう。

7　意識して次の真実にしがみつき、自己評価を高めなさい。わたくしは自分が持っているものだけ与えることができるということを知っています。この瞬間からは、神であるほんとうの自分に対して健全な恭しく深い尊敬を払おうとしています。私はあらゆる人のもっている神を尊敬いたします。

8　人よ、汝が見るものに、
汝はならねばならぬ。
もし汝が神を見れば神に、
もし塵を見れば塵に汝はならねばならぬ。

9　あなたが自分自身を卑劣だと考える時には、あなたは常に他の人にあなた自身の考えや感情や信念を投影しているのですから、他人のことを良く思うことができないのです。
10 他人にこう考えてほしい、こう話してほしい、こう行動してもらいたいと望むように、あなたも他人に対して考え、話し、そして行動するという黄金律を実行しなさい。自分のために望むことをすべての人々のためにも望み始めなさい。そうすれば数えきれない祝福があなたのものになるでしょう。
11 神はすべての人々の中に住んでいます。神の王国は内にあるのです。創造に関する全秘密と秩序ある統一体としての宇宙の神秘は人間の中に存在するのです。人が自分自身を学べば、彼は宇宙についても学んだことになるのです。今こそ分析者を分析する時であります。
12 個々の人すべてに共通な一つの心があります。そして人、ひとりひとりがみんな同じものに至る入口であり、出口なのです。
13 自分自身について高い高貴な威厳のある考えを持ち始めなさい。聖書の偉大な真実を記憶しなさい。わたしは言う、「あなたがたは神だ、あなたがたは皆いと高き者の子だ」（詩篇第八十二篇六節）。
14 あなたが自分の中心にある神を愛し尊敬し、あがめ始める時、すべての苦しみも憎しみもなくなるでしょう。愛は健康や幸福の法則を完成し、心の平和を成就するものです。
15 自己評価と他人の尊敬についての最も偉大な公式は、あなたの中にある神は他人の中にある神と同じであるということを実際に理解することです。そしてあなたがほかの人の利益を高める時、自分自身の利益をも高めているのだと現実にわかることです。あなたの兄弟の所へ帰宅してくる船は、あなたのもとへも帰宅するのです。

第四章　問題を解決する広大無辺な力

問題の九十パーセントは人間が作り出す

あなたの考えを変えなさい。そしてその状態を持続しなさい。そうすればあなたは生活全体を一変することができるのです。技師のフレッド・レーネック氏は最近私に工場で起こる問題の九十パーセントはそこで働く人たちの人格の欠陥と他人とうまくやってゆく能力の欠如によるのだと話してくれました。問題の約十パーセントだけが、技術的な性格のものなのだと彼はつけ加えました。

問題を解決する正しい方法

話すにも、歩むにも、自動車を運転するにも、お菓子を焼くにも正しいやり方というものがあります。実際にあらゆることには正しいやり方とまちがったやり方とがあります。じゅうぶん幸福な生活を送るためには、不変のしかも永遠の根本方針による生活をしなければなりません。あなたは中心をはずれた車輪を造ったり、電気や化学の原理を無視したことは考えたりしないでしょう。同様にあなたの中にある無限の知恵の見地からあなたが考え、話し、行ない、感応する時には、あなたの全生活が喜悦と幸福と成功と心の平和でみちたものになることはおわかりでしょう。

考え方を変えて潰瘍と高血圧を治癒した話

ロングウエー夫人は勤務先で監督に嫉妬を感じ、嫌っておりました。彼女は潰瘍と高血圧にかかって苦しんでいました。しかし彼女は寛大さと善意についての精神的原理に興味を覚えるようになったのです。彼女はこれまで何度も怒りっぽい、悪意に満ちた態度をしていたことやこのような否定的で不快な考え方が自分の潜在意識の中で膿んでいることを悟りました。彼女は事態を解決しようと自分の監督と話し合う努力をしましたが、その婦人はすげなく拒絶するのでした。事態を訂正しようと絶えず努力しているうち、ロングウエー夫人は仕事に出かける前に毎朝十分間調和と善意についての法則を用いるようになりました。彼女は次のように肯定しました。「私はX夫人を調和と愛と平和と喜びと善意とで包みます。私どもの間には調和と平和と理解があります。そして私がX夫人のことを話すときはいつでも『神の愛があなたの心を浸している』ということにしています。」

数週間が過ぎました。ロングウエー夫人は週末を過すためにサンフランシスコに行きました。飛行機に乗ったとたんにたった一つあいている座席が自分の監督の隣りだと気づきました。彼女はていねいに彼女に挨拶いたしました。そして丁重な優しい返礼を受けました。その二人はサンフランシスコでいっしょに仲よく楽しい時間を過しました。彼女たちは今私の講義にいっしょに出席しております。無限の知恵がこの難渋を解決するための舞台装置をつくってくれたのでした。ロングウエー夫人が考え方を変えたことが潰瘍や高血圧の完全な治癒をも含めてあらゆる事を変えてしまったのでした。

昇進した婦人

「私の勤務先の人はみんな私を嫌っています。私が首になることを望む人たちが何人かいます」とかつて一人の若い婦人が私の書斎で話したことがありました。

「なぜあなたは辞職して別の勤め口を探さないんですか」と私はたずねました。「何の役にたちますの。今年までに六つも仕事を変えましたのよ」と彼女は申しました。この若い婦人は頭が優秀でじゅうぶんな教育も受けていました。そして有名な法律家の秘書でありました。

彼女の問題の九十パーセントは彼女の人格にあったのでした。

私は彼女に霊的な処方箋を与えました。そして規則正しく少なくとも数ヵ月間朝晩それを用いるように提案いたしました。仕事に出かける前に毎日、彼女の事務所にいるあらゆる男性や女性のために次の祈りをとなえるようにと私は彼女に申しました。

　私は、事務所のすべての人たちにやさしい考え方、善意の感情、幸福、喜びを送ります。私の同僚のひとりひとりが調和し愉快に満足することを肯定し要求し、信じます。神の愛と調和、平和と美とが私の考えや言葉や行為から流れ出ます。私の中に閉じ込められている輝きを絶えず、私は放散いたします。私は幸福で喜ばしく、何ものにも捕らわれず熱心で元気に満ち溢れています。生きている人々に与えられるこの地上における神の善とすべての人々の生来の善とを私は喜ぶのであります。

二ヵ月後には彼女はすばらしい昇進をして、法律事務所全体の管理を完全にゆだねられました。

母親がなした奇跡

ビバリーヒルに住むある母親は、自分の息子が医科大学の最後の試験に落第したためひどく心配していました。私の提案に従って、彼女は小言ばかり言って子供のことを心配するのをやめ、その代わりに自分の息子が卒業証言を受け取る時の卒業式の日の絵を心の中に描き始めました。

毎日数回その光景を明瞭に心に描きました。そうすることが自然で楽しいと感じながらしたのです。彼女は自分の息子に「おめでとう」と言っているのを想像しました。そして毎日三回少なくとも十分間彼女の心の中の映画を繰り返して、ついにそれを習慣にしてしまいました。心配しそうになるといつでも心の中にその映画をふと思い浮べました。彼女は絶えず完成した事実として、それを見ました。彼女は卒業式に出席していることを想像しました。そして夢がほんとうになるのを見たのでした。ついでに言えば彼女が心の態度を変えた後、間もなく彼女の息子が自分の学問に非常に興味を持ち出して、すべての方面で目ざましい向上を示すようになりました。成功と勝利の喜びにみちた彼女の感情が、広大無辺な力で主観的に彼女の息子に伝達されて、息子がそれに答えたのでした。

商売を成功さす秘訣

最近私が面接したある男性が私に、「私は全くめちゃくちゃです。がんじがらみになっています。私は他人とうまくやっていくことができません。絶えず他の人たちを怒らせているのです」と申しました。

この若者は過敏症で、絶えずいらいらして自己中心的で気まぐれ者でした。こんな状態のくせに彼は同僚とは良い関係を保ち、あらゆる点でその人たちとうまくやっていきたいと望んだのでした。

彼の現在の人格は彼の習慣的な考え方や子供の頃受けた訓練や教化の全結晶に、彼の心にしるされたいろいろの信念や感情的な気分が加わってできたものです。しかし自分自身を変えることはできるものだと、私は彼に説明いたしました。そして神が彼の中に住み、神のいろいろの属性、能力、長所また神のあらゆる姿が彼の更に強い心の中に宿っていて、彼の個人的な生活にそれを復活、表現できるのだと説明しました。従って人格全体を変え、輝かしく幸福で喜ばしく、途方もなく成功するために次の特殊な祈りを私は彼に与えました。

彼は情を込めやさしく毎日数回次のように肯定いたしました。

神は偉大な人格であって私をとおして表現されるただ一つの命であります。神は存在します。そして神の存在は今調和、喜び、平和、愛、美そして力として私をとおして流れています。それで私は神にいたる通路なのであります。神全体が、神の美しさが、また神の完全さが、絶えず私をとおして表現されています。今日私は精神的に再生しています。私は完全に私自身を古い考え方から分離して、神の愛と光と真実とをハッキリと私の経験に生かします。私は出合う人にはだれでも意識して愛を感じます。私は接触する人にはだれにでも「あなたも私の中に神をご覧になることを私は知っています」

と言うのです。だれの中にも私は神のいろいろの美点を実感します。私はこれを朝に昼に晩に実行いたします。それが私の生きている一部分であります。

私は精神的に今生まれ変わっています。なぜなら一日中私は神の存在を信仰しているからです。私は街路を歩いているときも買物をしたり、毎日の仕事で歩き回っているときも、何をしていようと私の考えが神すなわち善なるものから離れさまようような時はいつでも、神が存在するという考え方を思い出すようにするのです。私は気高く、いかめしく神のように感じます。高揚した気分で私自身が神と共にあると感じながら、私は歩くのです。神の平和が私の魂に満ちています。

この人が広大無辺な力のいろいろの属性や美点を心をとおして流す習慣をつけてからは、彼の人柄全体が不思議に変化しました。彼は人好きが良くなり、上品になり、そして分別が増してきました。そしていく先々で彼は活気と善意とを伝えています。のみならず彼は彼の仕事の分野で成功の階段を数段昇っているのです。

すばらしい人物に向上する方法

エマーソンは、宗教は神の人格を包含していると申しました。人格のすべての要素すなわち愛とか平和、喜び、美または笑い、しあわせ、力や調和、リズム、秩序、静穏さそして釣合いなどのようなものは神の中にあるのです。神はまた法であります。私どもが法を思うままに行ない、私どもはこれらの善意や属性が私たちをとおして流れることを要求し、感じ、知り始めるときに、神的な人格を外に現わすのです。すると毎日私どもはいっそうふさわしくなるのです。

「パーソン」という語はラテン語のパーソナから由来しています。そして元はギリシアの俳優たちがかぶったお面を意味しております。古代においてはギリシアの俳優は面をかぶって、その面に描写されている人の役を演じたものでした。俳優はその面が暗示している人格の特徴や長所を面をとおして脚色したのでした。

感情移入を実行して調和と理解を築いた秘書の話

辞書には感情移入とは「人に自分自身の意識を想像的に投影すること」と定義してあります。それは「好意ある理解」と呼んでいいかもしれません。われわれの団体の秘書であるジーン・ライト夫人が以前働いていた事務所である少女にこの技法をどんなふうに使ってみたかを私に話してくれました。この少女は敵意が非常に強く反抗的で、全く騒々しかったのでした。二人の間には誤解がだんだん大きくひろがっていくように見えました。

結果として、ライト夫人は毎日しばらく静かにすわって他の婦人の心の中に彼女自身を投影し、その他人の眼をとおして自分自身を注意深く眺めました。そしてその時見たものを訂正し、要求しました。

「神の平和と調和と理解が、私どもを最高に支配しています。Ｓ嬢を思う時はいつでも『かわいらしくて、親切で協力的で、調和のとれた人だ』と申します。」

約一週間後に、その少女がライト夫人を食事に自分の家庭に招待しました。訪問中に、二人が共通した趣味をたくさん持っていることを知って愉快な驚きを感じたのでした。とうとうこの二人は、仕事の上でもよい協力者であると同時に、親しい友人となったのでした。

話をしなくなった妹

最近私が宗教科学協会の後援でサンフランシスコで講演中のことです。古い友人とホテルでいっしょに朝食をとりました。その友人のたった一人の妹が彼女に話しかけようともしなくなったということを彼女は私に訴えました。妹に電話しますと「忙しいんです。わずらわさないで」とそっけなく電話を切ってしまいます。

私の友人は自分の妹の態度が理解できませんでした。それは見たところ非常に不合理で愚かしく思えたのでした。そこで私は、もし彼女の妹が結核だとか癌だったら腹がたたないだろうということを指摘しました。「もちろん腹がたちません。私はひどく同情するでしょう」とその友人は答えました。

そこで私はつけ加えました「あなたの妹さんはいわゆる心の結核のようなものを持っているのです。多くの人々は病的でゆがんだ精神状態にあります。これは精神的なゆがみのようなものだということをあなたははっきり理解せねばなりません」。

突然彼女は、アルコール中毒患者や精神分裂症の人や偏執病患者の行動を責めることができないように妹の態度を責めてもしかたがないのだとよく理解しました。

「ハイ、今わかりました。私は妹の精神的な病気や私に対する敵意を責めたりいたしません。聖ポールがいっているように、私が彼女にしてやらねばならないのは愛だけであります。私はほんとうに彼女を愛し、彼女のために生涯のすべての祝福を望みます」と彼女は申しました。

次のように彼女は祈りました。私は完全に妹を神にお渡しします。そして愛と平和と善意とを彼女に向けて撒きちらします。そうすれば私どもの間には調和と平和と神聖な理解が存在するのです。私は彼女を自由にして、手離します。

二、三日後に妹が彼女に電話してきて、自分の無作法や意地悪の弁解をいたしました。婚約解消の結果、彼女は姉ばかりでなくたくさんの人々に対して八つ当たりと意地悪をしてしまったのだということを率直に認めました。

私の友人は精神的にも感情的にも円熟した人でしたが、自分の妹の醜くゆがめられた精神状態を過度に心配しておりました。

あなたがこういったことをよく理解していれば、いつもあなたがおこったり非難したり、他人のゆがんだ心に対して報復を探したりすることはないでしょう。記憶しなさい。あなたは、身障者だからといって亀背を憎んだりはしないでしょう。むしろあなたがそのような不運からまぬがれたことに感謝するでありましょう。

人格のゆがんだ人は、その人自身非常に不幸であって、心の中は不満で沸き返っているのです。そういう人は、自分自身に対して非常に親切で寛大な人々を荒々しくののしるものです。なぜならその人たちの明朗で平静で安定した様子をみると、いやでも自分自身の乱れた感情状態をはっきりと気づかずにはいられないからです。自分がその人たちのような平静さに達することができないので、彼女は無意識的にその人たちを自分自身の感情的堕落にまで引きずりおろそうとするのです。不幸というものは仲間を好むものです！

黄金律を適用した結果

哲学博士の称号をもっている男性と話したことがありました。彼は自分の免許状が成功や名声を保証してくれるだろう、そして自分は認められるだろうと信じていたのでした。しかし彼はほどなく、組織の中には少しも称号などを持たないが、彼よりもはるかに多くの金を儲け、ずっと大きな責任を果している人たちがたくさん存在することに気づきました。

私はこの若者に、あらゆる階級出身のすぐれた哲学博士や言語学者や教授や医者、同様に優秀な能力のある者で彼と同じように不満をもった人たちが今ロサンジェルスのスキットローやニューヨークのボーリーなどにたくさん住んでいるのだと説明しました。これらの人々は普通自分たちの悩みをアルコールや女たちのせいにしていますが、ほんとうの理由は自己軽視や自己非難そして自己嫌悪にあって、広大無辺な力の宝と英知に触れる能力に欠けているせいなのです。この広大無辺な力こそ、その人たちを幸福や自由や心の平和へと続く公道に導くことができるものなのです。彼らは自分を恨み、自己を認めず、自分のほんとうの表現をしないのです。彼らの習慣的な考えが彼らを不幸や悩みや貧乏へと追いやるのです。

しかしながらこの人たちはしばしば高等教育を受けておりますので、一度はそれぞれの分野で現在よりも高い階級に昇ったこともあったのでした。アルコール中毒、麻薬中毒、精神障害といった彼らの異常な振舞いは、彼らの錯綜してゆがめられた人格の兆候にすぎないのです。

私と話した人は、たいへんに批判的で自分の同僚に嫉妬しておりました。彼は彼らのことを少し耳ざわりな声で話しました。彼の悩みは黄金律を実行しないことから生じたのでした。私の提案によって、彼は他人にしてもらいたいと思うように他人にしてやることを始めました。彼は常に微笑し親切で優雅にふるまうことを実行し、仲間全部に気持のよい態度を示し始めました。それが習慣になるように続けました。そして今日では彼は最も人好きのする親切なやさしい人柄の人間になっています。彼の成功は保証されています。彼はそれをはなばなしく証明する、すばらしい昇進を受けました。あなたの思考の型を変えなさい。そしてあなたの生活を変化させなさい。

年齢に制限なくあなたは必要とされている

エマーソンが「偉大な大霊というものは私のいる場所に一つの器官が必要なのだ。さもなければ、私はここにいないだろう」と申しました（訳注・大霊とはエマーソンの思想で万物を生成するものという意味）。ときどき私は「私の子供たちは全部大きくなりました。もう私がいらなくなり、訪ねても来ません」という人々に会います。記憶しておいてください。神と神の秩序ある世界はあなたを必要としているのです。必要ではない、あるいは望まれない人間というものは存在しないのです。各人は全創作物という大交響曲の一音符なのであります。あなたには演奏しなければならない特別な役割があるのです。聖書に書いてあります。呼ばわる者の声がする。荒野に主の道を備え、砂漠に、われわれの神のために、大路をまっすぐにせよ（イザヤ書第四十章三節）。

混乱、欠乏、そして制限された不利な条件の砂漠というのはあなた自身の心であります。そして今やあなたは、願望という形で、神が必要としているから立ちあがり自分自身をよりいっそう高めようと語りかける内なる声に耳を傾けることができるのです。自分に言いなさい。「神がこの願望を私に与えました。そして神聖な秩序で神は私にそれを成就するための完全な計画を現わしてくださいます」。あなたがこの真実を固守する時、道は開け、あなたの荒野は明るくなり、バラの花が咲くでしょう。

●「しかり！」と言いなさい

聖書に書いてあります。あなたがたの言葉はただ、しかり、しかり、否、否であるべきだ。それ以上に出ることは、悪から来るのである（マタイ伝第五章三十七節）。

あなたの生命を癒し、祝福し、励まし、高めそして強めるすべての観念に「しかり」といいなさい。永遠の真理と生命の精神的な価値のみ受け入れるという明確な結論に達しなさい。それから意識的にこれらをあなたの人格に組み立てるようにしなさい。自分が神の知恵や神の心と一体なのだと感じて喜びなさい。そしてあなたが神の子であるといういろいろの驚異をよく考えなさい。禁止や拘束であなたの心に恐怖を浸み込ませるすべての教え、思想、考え方、信条、独断説に、〝否〟と勇敢に言いなさい。言い換えれば、あなたの魂を喜悦で満たさないものは何でも精神的に受け入れないことです。

神は生命であり、あなたの命であるということを悟りなさい。神は愛です。そして神の愛があなたの魂に満ちているのです。だからあなたは喜びをじゅうぶんに現わしているのです。神は英知です。それであなたの知性はいと高きものからの光で絶えず清められています。神は平和です。だからあなたはあなたの考え、あなたの言葉、行為を通して、神の平和についてよりいっそう多くを語っているのであります。この真実を毎日心から実感する習慣がつくにつれて、あなたは輝かしい人格を発揮します。そしてあらゆる面、あらゆるものごとが幸福になるための大道となるでしょう。

憂うつと障害に打ち勝つ方法

聖書に次のように書かれています。もろもろの谷は高くせられ、もろもろの山と丘とは低くせられ、高低のある地は平らになり、険しい所は平地となる（イザヤ書第四十章四節）。

あなたが絶望と落胆と憂うつ症の谷間にはいっている時、あなたの中に存在する神の方にふり向いて、その原因は外部のものごとや条件にあるのではないということを悟りなさい。すべてのものは消え去り、条件は他の条件を創り出しはいたしません。

根本の原因はあなたの考えや感情です。すなわちあなたの心構えと、あなたが信ずる手段なのです。条件も環境も参考になるだけなので、あなたはそれをはねつけたり、受け入れたりする力を持っているのです。

ですから無限の英知がその道を啓示するのだと判断しなさい。あなたの広大無辺な考えでこうあってほしいと願う状態をよく考えなさい。そうすれば問題の山は取り除かれ、障害や支障になる丘も打ち砕かれるでしょう。神の法則と秩序があなたを支配するのだと主張する時、生活の盛衰や運勢は調和がとれ、動揺して高低のある所は平らになり、険しい所は平地となるのです。すなわちあなたは成長し、完成し、病気、事故、損失といった迂回をすることも、またエネルギーや時間や努力を愚かに消費することもなく向上して、均衡のとれた生活を始めることになるでしょう。

いつもあなたの眼を広大無辺な力に注ぐとき、あなたが自分の中にある普遍的な英知に波長を合わせ、考えや感情を通してその英知と接触するとき、すべての障害や遅滞また故障や困難が消滅して、あなたの生活の砂漠もほんとうに喜ばしいバラの花を咲かせるでしょう。

★要約●●●●●権力を得るための助力

1　あなたの思考の型を変えなさい、そうすればあなたは自分の運命を変えることになりましょう。

2　心を使用するには正しい方法とまちがった方法とがあります。満たされた幸福な生活を送るには広大無辺な力の原理によって生活しなければなりません。

3　無限の知恵に訴えると、それはあなたに答えます。そしてあなたの問題の解決のために適当な舞台装置を作ってくれましょう。

4　すばらしい精神的処方とは、あなたとともに働くすべての人々が、あらゆる生活の祝福を受けるように望んでいることであります。すると他人のために望むものをあなたは自分自身にもまた引きつけるのであります。

5　心の中に頭の中で描いた映画を映し出して幸福な終結を見るようにしなさい。時おり、夢が成就した時のことを思い描いてごらんなさい。そうすればそのとおり経験することになるでしょう。

6　あなたの精神と心を通して神の特質と愛とを流す習慣をつけると、あなたは新しい優れた、たぐいまれな人格になっていくでしょう。

7　もし他の人々とうまくやっていくことができないならば、思いやり深く理解しようという気持で感情移入を実行してごらんなさい。

8　他人の心で状況を眺めなさい。身内の者のゆがんだ精神状態を過度に心配しなさんな。あなたには責任がないのですから。平和と愛と善意とを周りに放散しなさい。そうすれば神の理解がその状況を正してくれましょう。

9　広大無辺な知恵の大霊すなわち神はあなたが現在の場所にいてくれることを必要としているのです。さもなければ、あなたはここにいるはずがないのです。あなたは今望まれそして必要とされているのです。
10　あなたの魂を祝福し、癒し、鼓舞し、高め、そして気高くするあらゆる広大無辺な考えに「しかり」といいなさい。
11　あなたが憂うつになり意気消沈している時は、あなたの中の広大無辺な力の方に向きなさい。そしてあなたの魂を澄みきった神の愛の川で満しなさい。すべてのものが過ぎ去ることを悟りなさい。そうすれば日があけ影が消え去ります。

第五章　広大無辺な治癒力の用い方

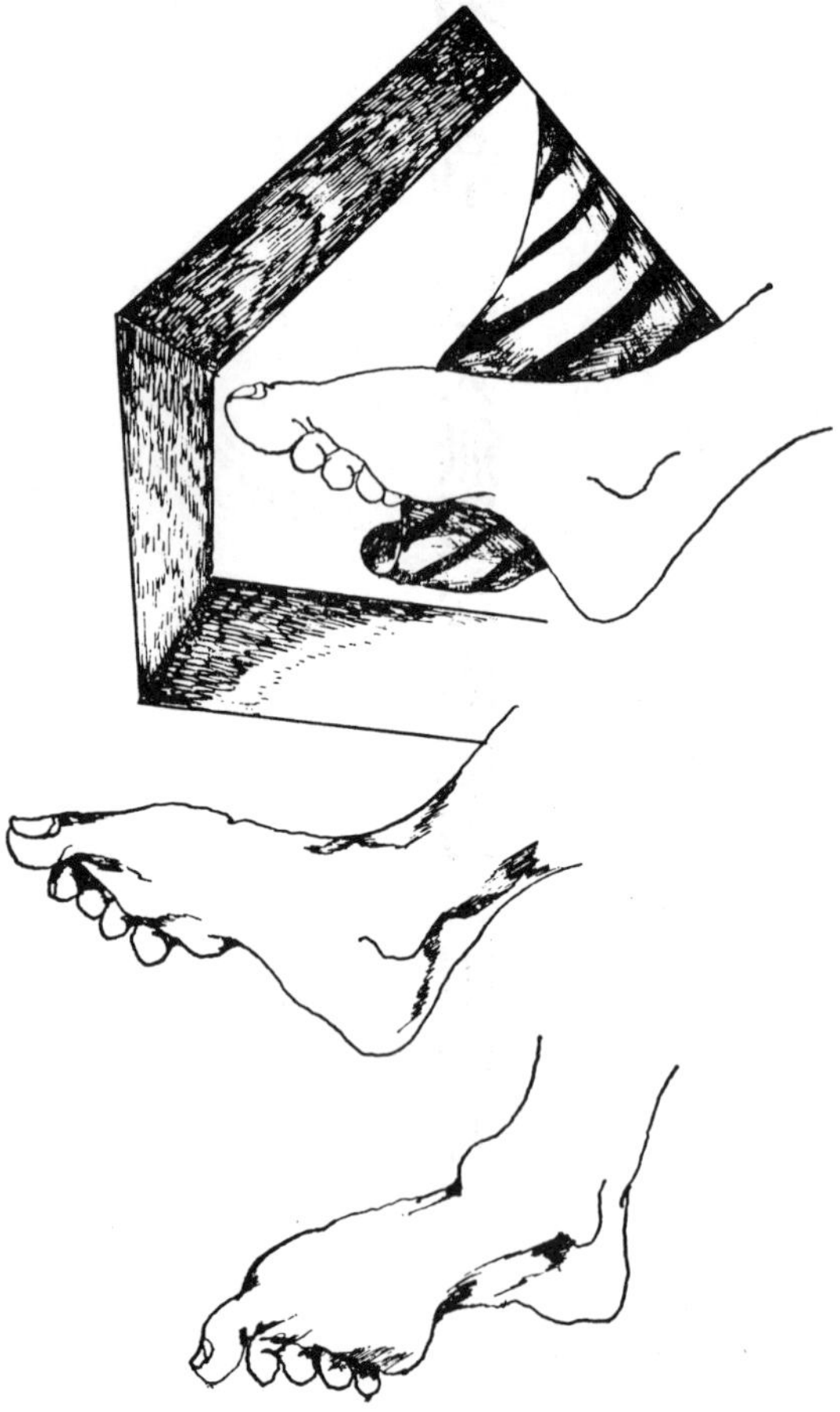

今日世界中の種々さまざまな主義をもった男女が精神的、霊的法則を適用すると偉大な治癒の結果が生じるということに目ざめつつあります。医学、精神医学、心理学の諸分野またその他の関係分野において、いろいろの病気の背後には精神と感情の衝突があるという証拠があげられていますし、記事にも書かれております。

病人の意識する心が、潜在意識を神にふさわしい方向に向け直す時に浄化が生じます。そして無限の治癒の霊が解き放たれて治癒の奇跡が起こるようになるのであります。

ケガの手が治った

次の記載は、あなたが要求したとき無限の治癒の霊がどう答えるかを文字どおり証明しております。

親愛なるマーフィー博士、私は左の手首を骨折しました。手と手首の骨が粉砕されましたので医者はレントゲンをかけながらその骨をつがねばなりませんでした。私は身障になるだろうから、もう一つの手で補うことを覚えねばならないだろうと告げられました。私は秘書の仕事をしておりましたので、両手を使わねばなりません。しかし治癒力はその骨も筋肉も健全な状態に戻し、回復してくれました。三ヵ月半で私は仕事に戻りました。その期間中、心を込めて一日に何度も「私の手首を創りたもうた創造の知恵は今私を直しているところだ」と繰り返したのでした。医者は手首は関節炎を起こし、天候が変わる時には痛みを感じることになるだろうと申しました。それは七年前のことでした。今私は自分の手をじゅうぶんに使っておりますが関節炎も起こりませんし、気候の変化による影響もありません。実際私の左手首は右手よりも柔軟で敏捷でございます。再度私はあなたからお祈りと私の中にある治癒力の使い方に関して御教示たまわったことを感謝いたします。

私はこの夫人が意識と潜在意識について完全な知識を持っていて、私の著書『眠りながら成功する』を深く理解した人であるということをこの夫人の手紙につけ加えたいと思います。精神的療法とは、特に明確な目的のために意識と潜在意識両方の心の機能を同時に調和的に働かせることです。

彼女は、手首がダメになるという考えを完全にはねつけ、自分の手を創った無限の知恵がそれを癒しているのだということを深く理解し信じたのでした。この考えが彼女の潜在意識の底に沈んでいって治癒が起こったのでした。

●腎臓病と骨折が治った話

次に掲げるのは広大無辺な心に内在する治癒力を理解した婦人からのすばらしい手紙であります。

親愛なるマーフィー博士、あなたはこれまで何度も何度も私を助けて下さいました。その中から一番重要だったことを選ぶのがむずかしゅうございます。私はひどい痛みに苦しんでいたことを思い出します。そして私どもの家庭医が休暇で留守の間に二人の知らない医師が右の卵巣に膿胞ができ、腎臓にも潰瘍があると私に申しました。私は祈りました。すると痛みは一夜だけで消えました。そして潰瘍も膿胞も消えてしまっていたことが診察でわかりました。私の潜在意識の中にあるすべてを癒す神の愛はこの瞬間にご自身に似ないいようなあらゆる物を消滅させているのだと私は言い、このことを心から信じました。すると奇跡が起こったのでした。私はあなたもまた祈ってくだすったことを知っております。そして厚くあなたに御礼を申し上げます。

最もすばらしい実例は私の母に起こりました。母は八十五歳の時転んで骨盤の骨と肩甲骨とを折りました。続いて肺炎が起こり、医師は母はもう助からないだろうと考えたようでした。たとえ母が助かったとしても歩行不可能になって車椅子を使用せねばならないだろうと思ったのでした。母は「それは医師の意思だよ」と申しました。そして信仰とあなたの祈りで彼女は三ヵ月後には杖も用いずに再び歩いておりました。

どうぞ、私どもの名前を公表してくだすってもよろしゅうございます。母の名はバーサ・スパローです。

カリフォルニア州　ロサンジェルス、九〇〇〇四
ミセス　エリック・B・マーロア

広大無辺な治癒力の使い方

精神的治癒のほんとうの方法は、魔法の杖を振うようなことの中にあるのではなくて、むしろ世界中の人類や事物のすべてを創造した内在する広大無辺な力への人間の精神的な答えの中にあるのであります。

精神的治癒は信仰の治癒と同じではありません。信仰による治癒者は意識と潜在意識の力についてなんの知識も持たず、科学的に理解もしないで癒る人にほかならないのです。魔法のような天賦の才能を持っているとその人は主張するかもしれません。そして病人がその人とその人の力を盲目的に信じることで効果をもたらすかもしれません。

精神的な臨床医師は、自分はなにをするのか、またなぜそうするのかということを知っているに違いありません。彼は治癒の法則を信頼しているのです。心の法則は、あなたが潜在意識に印象づけたものはすべて形、機能、経験そしてでき事として表現されるということなのです。平和、調和、健康そして完全という観念に深い関心を持ち、誠実に留意して潜在意識にこれらの考えを印象づけなさい。あなたの考えや感情（関心）は広大無辺な力から治癒の答えを誘導するでしょう。

盲目の洋服屋が光をとり戻した話

最近私は、徐々に眼が見えなくなっていったある洋服屋と会見いたしました。彼は何度か網膜出血を起こしていました。それで彼の医師が仕立屋をやめて田舎に住むほうがよいのじゃないかとすすめていました。彼は仕事では人にひけをとらない腕の持主でしたが、視力はだんだんに悪くなってゆきます。私の古くからの友人である彼の医者は家庭生活について私と相談してみたらと彼にそれとなく言い出したのでした。

眼の話をしているうちにその洋服屋は義理の母親の視力を憎んでいるということを私は認めました。彼の義母は数年間彼の家庭に住んでいていつも短気で、気まぐれで、気むずかしく果しない悶着の原因になっていたのでした。直ぐ家を出るように彼女に頼んでみたらと私は彼に提案しました。それを彼は実行いたしました。また同時に彼は彼女のために生涯のすべての祝福を望みました。その結果彼の潜在意識からすべての恨みや敵意が根絶したのでした。

毎日十分か十五分間、彼は次のように大胆に肯定しました。『夜も昼も私には、あらゆる人とあらゆる物の中にある神の愛、光、真実そして美がだんだん見えてくるのです。神が今私を治しているところです。そして私は自分の完全な視力に感謝しております。』

間もなく私は彼から次の短い便りを受けとりました。

親愛なるマーフィ博士、おかげさまで私の眼が治りました。あなたに感謝いたします。私自身が眼病の原因だとあなたに説明していただいた時、私の眼は開きました。私の視力は今では普通だと医者が申しました。私は仕立屋をやめる必要がございません。あなたを神が祝福しますように。

Ｅ・Ｓ

二十世紀的治癒の奇跡

奇跡とは自然の法に対する侵害ではないのです。奇跡は不可能なことは立証しません。可能なことを立証するのです。奇跡は、人が今まで知っていた法則より更に高度の法則を認めた時に発生するのであります。

ある作家の悩み

次の手紙はアーノルド夫人が欲求不満を除くために治癒の原理をどんなふうに用いたかを示していますので、逐語的に引用いたします。彼女は原稿を書くのに莫大な時間と労力を費したのですが、どうも表題がはなはだしく見当違いだと感じていました。

親愛なるマーフィ博士、数週間の間私は表題を決めようといろいろのタイトルを書いては消しておりました。日曜日に私はどうしても教会に行こうと思いたちました。家事やいろいろのことで出かけるのが遅くなりましたので、私は急いで教会にいかねばなりませんでした。

私はイーベル講堂にはいった時、静かにすわってくつろぎ独言を申しました。「今日神様自ら、私の原稿の表題をお与えくださることを知っております。私は信じております」。講義の間にあなたが「知識では、今日人々が直面している諸問題を解決することができない」とおっしゃるまでは、私は信仰をもっていると自認していたにもかかわらず、私がやはり意識の標準でそれを解決しようとしていたことをハッキリ理解していなかったのに気づきました。その時あなたがしばしば申されますように、タイトルが、トースターから一枚のトーストが飛び出すように私の心にパッと突然現われました。それは私が原稿に書こうとしていることにまさしくピッタリ合っていました。私は非常に得意になってもう少しで大声で笑い出しかねないほどでした。潜在意識に依存して「不可能なことを可能にする」のは、たいへん単純なことなのでした。

親愛なるマーフィ博士、あなたにすら私はこの表題をお知らせしたくはありません。この表題は原稿に対する情熱を新たにかきたてるためにぜひ必要なものなのです。それで私はこの感激を弱めたくもありませんし、それについて余りにしゃべりすぎて答えの効力を弱めたくもないのです。お礼までに。

カリフォルニア州　ロサンジェルス、九〇〇三九
ミセス　J・R・アーノルド

この広大無辺な治癒力がちょうど人体の治癒に作用するのと同じように、あなたの仕事や専門社会においても作用するということをアーノルド夫人は明確に理解したのです。

潰瘍を治した学校教師

次に掲げるのはある学校の先生からきた手紙です。

親愛なるマーフィー博士、数ヵ月間、病気が治癒するように、職業の上で成功するようにと祈っていました。私は約一ヵ月前のある日曜の朝あなたがウイルシャー・イーベル座で「治癒力の用い方」について講演をなすった時に出席いたしました。あなたが話されましたように、私は無意識に疼痛や苦労を繰り返し、絶えず教室や校長と悶着を繰り返していたということを明確に悟りました。私には生徒や父兄や学校当局を批判し、非難する習慣がありました。私には自分が病気だというので自分自身を批判し、非難する非常に悪い習慣がありました。昇進したいという望みは、とてもだめだろうと私は信じ込んでいました。

　講演の間中、あなたが私に話しかけておられたように思えました。それにもかかわらず千三百人という聴衆の中に私がいることをあなたがご存じないと私にはわかっていたのでした。あなたの講演が終わらないうちに破壊的で否定的な考えや心に描いた像で、実際には私の中にある生命の宝物を浪費していたのだという事実に積極的に思いあたるようになりました。

　私はあなたの教えのとおりにいたしました。そして私の中にある無限の治癒者と関係し始めました。そこで私はしばしばあなたがほのめかした、黙想を深く理解して肯定したのでした。

神は私に恐怖の霊をお与えになったのではなくて、力と愛と慎みとの霊なのである（テモテへの手紙第一章七節）。私は、寛大な常に存在する善なるものとしての神に確固としたゆるがぬ信仰をもったのです。私は元気づけられ、生き生きとして、完全に治癒したのです。今や昇進は私のものです。生徒と同僚のすべてに、私の周囲のすべての人たちに、私は愛と善意を撒き散らし、心の底から彼ら全部のために平和と喜びと幸福とを望みます。神の知恵と英知は私のクラスの生徒たちをいつでも活気づけ、支えています。それで私も晴れやかになり、鼓舞されるのです。否定的に考えそうになる時には、私は直ぐに神の癒す愛について考えるつもりです。

あなたのあの講演に感謝申し上げたいと思います。潰瘍も完全に治ってしまいました。そして昇進もいたしましたし、同僚や生徒たちとも非常に調和のとれた関係を作りあげました。この理由は、私が絶えず活気と喜びをあらわすので、私のクラスの生徒たちが潜在意識に私がたえず発散する愛情、善意、信頼を拾いあげるからだと私にはわかっているのです。

草々
Ｅ・Ｒ・Ｂ

公式で病気が治る

ちょうどこの章を書いている時に次のような興味深い手紙を受けとりました。

親愛なるマーフィー博士、私は毎日あなたのラジオの番組を聞いております。今朝は、あなたがあるラジオの聴取者からきたすばらしい治癒の経験談を書いたお手紙をお読みになったのを聞きました。私が経験したすばらしい治癒についてもお知らせしてよろしいでしょうか。

私は病気にかかってから約四年になります。何でこの発作が起こるのか私にはわかりませんでした。私は毎日フェノパービタル（催眠剤）を三、四粒ほど飲んでおりました。そしてしじゅう眠りを覚えていました。ある朝あなたはラジオで病気に関する心身相関の研究の結果を論じておられました。あなたは圧迫された感情、烈しい憎悪や両親に対する敵意などがしばしば原因となるのだとおっしゃいました。私の場合これがぴったりでした。私は心中で両親に逢い、平穏でいられるようになるまで両親に対して愛と善意を注いで、習慣的に祈り始めました。

約六ヵ月間、毎朝毎晩、私はゆっくりと「神が今私を癒している」と繰り返しました。ある朝私は非常に喜ばしい感情が私の中に噴き出してくるのを感じたので治癒したんだということがわかったのでした。薬を飲むことをやめて医師のもとに行きました。彼はいつもの脳の検査を行ないました。その結果、悪いところは全然ありませんでした。これはちょうど四年前のことです。

あなたがラジオでおっしゃった「神が私を癒している」という公式が私の魂の中に深く沈み込みました。私は永久に感謝します。圧迫されている陰電気は負の出口をもたねばならぬということは真実でした。私の場合には病気としてそれが現われたのでした。

愛が偉大な治癒者であるということはほんとうです。

草々
J・D・M

信仰の法則と使用法

生命の法則は信仰の法則です。そして信仰はあなたの心の中の考えとして簡単に要約することができるでしょう。信じるというのはあることを真実として受け入れることです。あなたの意識的で推理的な心が真実として受け入れたものはなんでも、あなたの中にある無限の知恵と一体である潜在意識に同一の反応を生じさせるのです。

あなたの潜在意識は、あなたのもつ考えの種類、あなたのもたらす条件や経験やあなたが習慣としている思考の型にはまったイメージの中のでき事に基礎をおく創造の法則に従って活動します。そして聖書に非常に簡潔に述べられている真理を証明しているのです。人は心の中で考えるように、その人はするものだ（箴言第二十三章七節）。

★要約……記憶すべき点

1　あなたを作った無限の治癒者はあなたを癒し、完全にすることができます。唯一の広大無辺な力のみが存在します。それがあなたの中にある神なのです。

2　ある婦人は無限の治癒者に要求することによって自分のケガの手を治しました。それは彼女の信仰に答えて彼女の望みどおりに働いたのでした。いわゆる不可能なことが可能になったのでした。

3　ある婦人は、神の愛が神と似ていないものすべてを溶解することができると深く信じて、卵巣嚢腫と腎臓潰瘍を治してしまいました。あなたが腫瘍があると考えるならば、その考えを念頭から除くことだってできるはずです。

4　精神的治癒の場合は、あなたは自分が何をしているのか、なぜそうするのかということを理解しなければなりません。真の精神的治癒とは広大無辺な力によって意識と潜在意識が科学的に導かれて同一速度で同時に動く結合なのです。

5　許しの精神にはいり、情を込めて意識的に「夜も昼もだんだんと神の愛や光や真実が、またすべての人物の中にある美が私に見えてきます」と断言した時、仕立屋の視力は戻ったのでした。

6　奇跡とは人間がこれまで知っていたよりも更にレベルの高い広大無辺な法則を認めた時自然に起こるものなのです。

7　ある作家は、無限の英知が答えを知っていて、自分は今それを受けとっているのだとはっきりと理解することによって欲求不満を癒しました。その答えは、トーストがトースターからぽんと飛び出すように彼女の心の中に飛び込んできたのでした。

8　ある教師は、疼痛や苦痛やむずかしい問題のことで繰り返し文句をいうのをやめて、神の方に向きました。彼女は昇進、安泰、健康そして調和を要求いたしました。すると彼女の望みがかなえられたのです。聖書にこう書いてあります。彼が私を呼ぶ時、私は彼に答える……（詩篇第九十一篇十五節）。神とはあなたの考えに答えるあなたの中にある無限の英知なのであります。

9　治癒のための公式があります。「神が私を癒している」です。ある婦人はこれを使用して十年も続いた病気を癒しました。

第六章　人生で成功する法

人の生涯はすべて初めから最後まで神の計画なのです。あの有名なドイツの哲学者で詩人で劇作家であるヨハン・ゲーテは「人生は石切場である。そこから私たちはある人物を形作り、のみで彫り、完成させるのである」と言っています。聖書にもこう書いてあります。私がきたのは、羊に命を得させ、豊かに得させるためである（ヨハネ伝第十章十節）。

あなたは満ち足りた幸福な輝かしい生活をするためにここにいるのです。世の中にあなたの隠された才能を公表し、あなたに真にふさわしい生活の場所を見い出し、あなた自身を最高のレベルで表わすために、あなたはここに存在するのです。あなたが自分のほんとうの場所を生活の中に見い出す時、自動的にあなたは非常な成功を納めるでしょう。あなたは全く幸福に健康に豊かになりましょう。そうすればすべての人生の祝福が後に続いてまいります。

輝かしくすばらしい生活をする技術をうまく使えるか、あるいは失敗してしまうかは、あなたの習慣的なものの考え方の性質とその考え方を変えて本質的に作り直そうとする真実な望みとに依存しているのです。生活、神、あなた自身そして全世界について新しい見通しや接近をして、新たな洞察力を得なさい。

考えたり、話したり、行動したり、歌ったり、自動車を運転したり、また想像したり、感じたりするのにも、またビジネスや職業上でも正しい遣り方とまちがった遣り方とがあるということを記憶しなさい。広大無辺な英知で正しい考え方、正しい感じ方、正しい行動のし方、正しいあり方、そして正しい祈り方を学びなさい。そうすればあなたのすべての道は快適になり、あなたの進む小路は幸福と平和に輝くでしょう。

●広大無辺な力を信じたオルガン奏者

次に掲げるのはすぐれたオルガン演奏者で広大無辺な力を信じている芸術家、ベラ・ラドクリフ夫人からの手紙であります。

親愛なるマーフィー博士、三年前に私はインドのカシミールを旅行しておりました。私は両方の友人に推薦された著名な宝石商とスリニガールで知り合いになりました。私はそこのアメリカ・マーケットで宝石をたくさん買えましたので、ほかのどんな国の宝石よりもすぐれた、スタールビーやトッパーズそしてサファイアのような八百ドルもの価値のある特製品を買いました。私は上述の宝石商の信用を調べました。その結果は申し分なかったし、飛行機で世界一周の途中だったため小切手で支払いをすませて私の家に送らせたのでした。

帰宅後、その小包は約束の日になっても到着しませんでした。八回にわたって私はていねいではあるがきびしい催促状を出しました。しかしまるまる二年にわたってカシミールからはなんの返事もありませんでした。私は疲れ果てて、神に祈り始めました。そして注文が完全に果たされることを知り始めました。

私には親友が一人おります。五十マイルほど離れたところに住んでいるのですが、私どもはお互いに忙しくてめったに逢って話をする機会もないのです。その友人のジーンが電話をかけてきて、二年以上もゆっくりとおシャベリをしていないが、昼食にきませんかと言ってきました。そこでジーンと私の家のちょうど真中くらいにある美しいレストランで会ったのでした。お互いのいろいろな活動状況を話し合った後で彼女がインドはどうだったかとたずねました。私は前に述べた取引以外はすばらしい旅だったと答えました。すると彼女はインドの副大統領の親密な友達であるとあかしてくれました。副大統領は数年前に交換学生として彼女の家庭に滞在していたのでした。これをきいて私は全くビックリしてしまいました。

ジーンは私を助けるために手紙を書こうとかって出ました。それから五週間以内に商品が全部、言いわけといっしょに配達されてきました。この問題であなたが私をお助けくだすったことに心から感謝をいたします。よろしく

カリフォルニア州　ステュデオ市
ベラ・ラドクリフ

隠れた才能を発揮する

ある若い婦人が数ヵ月前に私に会いに来て「自分は周囲の人とうまく合いません。だれも私を必要としません。私は不適任者です」と申しました。人はめいめい独自の才能をもっていて、雪の結晶や木の葉が一枚一枚違うようにめいめい異なっています。神は同じことを繰り返しはしません。限りなく変異することが生命の法則なのです。だから不必要な人間などは存在しないのです、と私は彼女に説明して、エマーソンの言葉を引用して聞かせました。

エマーソンは「私は神の器官であり、神は現在私がいる所に私を必要としているのである。さもなければ私はここにはいないだろう」と書いています。

「神が私にさせたいと望まれることは何なのでしょうか」と彼女はたずねました。その答えは簡単です。そして神の意志どおりにするために彼女が使用した祈りもまた簡潔で率直で要領をえたものであります。

神様は私の隠れた才能を私にお示し下さいます。そして神様は私にさせたいとお望みになっていることを私の心にささやかれます。神は無限の英知であり私によって現われることを求めておられるのです。私は電球が電気を表わすための焦点なのと同じ方法で無限の生命の焦点なのです。神はあらゆる方面で私が調和、健康、平和、喜び、成長そして発展を得るように私を貫いて流れ込みます。私の推論する意識の中にはいってくる指図者を、私は実感としてわかるのであります。そこで私はその答えに対して御礼を申し上げます。

二、三日後に彼女はあるビジネス・コースを受講したいと熱心に思うようになりました。彼女は非常に誠実なので必ず目を見張るような成功を遂げるでありましょう。

勝利者の生活を送る

一九六二年二月にルイジアナ州ニューオーリンズのユニティー・センターで私は一連の講

演をいたしました。そこで会った新聞記者が自分の割り当ての仕事の一つは次の質問を多数の人にたずねることであったと私に話してくれました。彼がした質問は、「あなたはなんのために生きねばならないか」ということだったのです。息を呑まされるような答えもあったし、身の毛もよだつようなものもあった、と彼は言っておりました。

多くの人々はだいたい「食べたり、飲んだり、楽しむために私はここにいるのです。明日にはわれわれは死ぬのですから」と言っていました。

会見した大部分の人々は、六十五歳で退職するのを待っている、そして退職してからは世界中のいろいろな場所を旅行する計画を立てていると話しておりました。ある人々は死ぬことを待っているのだ、そしてりっぱなクリスチャンとして天国に行き、そこで永遠に神と共にいるのだと言っておりました。会見した人々の約十パーセントは自分たちがなぜこの世に存在するのか、どこへ行くのかを知らないと言っていました。また自分たちが死んだならばそれでおしまいなのだ、つまり大地の単なる土くれとなってしまって未来の生命はないのだと言っていました。約五パーセントの人たちが自分たちの子供が成長し結婚するのを待っておりました。そうなったら彼らは旅行し、いつもしたいと望んでいたことをしようというのです。ごくわずかの人たちは年老いた人たちが死ぬのを待っておりました。そうなってから自分たちがどうするかを決めようとしているのでした。

この人々はすべて「神は永遠に現在である」ということを悟らないで、何かが生じることを待っているのでした。

●健康と、富と、幸福を受け入れなさい

今とは時のことです。無数の人たちが今よりももっと良い時代が来るようにと絶えず未来を待ち望んでおります。彼らは常にいつかは自分はしあわせになるだろう、栄えるだろう、そして成功するだろうと言っているのです。

過日料理店で、一人の男が仲間に自分は大当たりをとって有名になるのだと言っているのを聞きました。他の者は「そのうち関節炎が治ってくれるといいんだが」と答えました。彼らは幸福を延期して、その完成を未来に頼っておりました。

広大無辺な心の力が内在しているというのは真実です。平和は今あるのです。平和という神の川があなたを通して流れていると、あなたは主張することができます。治癒も今なのです。あなたを造った無限の治癒者が今あなたの肉体の核を変え、癒し、元どおりにしているのです。あなたを造った創造の英知はあなたの癒し方を知っている、そして天帝があなたの心と肉体を支配するのだということを要求しなさい。

富は今役にたちます。それはあなたの心で考えているイメージなのです。もし今あなたがそれを勇敢に要求すれば、たぶん財産に値する新しい独創的な思いつきが浮かんでくるでしょう。肯定しなさい。神の富は今私の生活の中に循環しているのです。私は計画を潜在意識に彫り込んでいるところです。潜在意識に印象づけたものはなんでも起こるだろうということを私は知っております。実際、潜在意識の答えは強制的であります。それであなたはいやおうなく富を現わすことになるのです。それなのになぜ待っていなければならないのです

か。

力も今あるのです。あなたの中にある神の限りない力に要求しなさい。そうすればこの力はあなたの体全体に精力を注入し生気を与え、更新させるでしょう。

愛も現在あるのです。神と愛があなたの心と体をずぶ濡れにするほど包んでいることを知って、信じなさい。そうすればこの神の愛が濾過されてあなたの生活のあらゆる面に明白に現われるのだと信じなさい。

導きも今あるのです。あなたの中にある限りない英知はその答えを知っています。そしてその無限の英知があなたの要求の種類に答えるのであります。

今あなたがこうなってほしいと望んでいるものを要求しなさい。あなたは何も創れません。あなたがするすべては、常に過去、現在、そして未来も永遠に変わることのないものに形と表現を与えるということなのです。これらを造る思いつきや原理はいつも神の中に存在していたからでしょうかもしれないのです。モーゼは拡声機やラジオやテレビを用いることができたかもしれないのです。プラトンは「神々のいろいろの原型」に言及しました。それは要するに宇宙の個々の創造物すべての陰には神の計画や型があるということを意味しているにすぎないのです。

栄光に輝く未来を計画しよう

もしあなたが未来のことを計画しているならば、今それを進めているのだということをフト考えてみたことがありますか。もしあなたが何か未来に起こるものを恐れているのならば、今あなたはそれをこわがっていることになるのです。もし過去について考えているのならば、今過去のことを考えているのです。あなたが変えねばならない唯一のものは、あなたの現在の考えです。現在の考えをあなたは知っています。そしてはっきりと認められるものは、現在の瞬間においてあなたが習慣的に思考するものの外面的な現われなのです。

過去も未来も盗賊です。もし過去の誤りや苦痛のため良心の呵責や自責の念に耽っていれば、あなたの現在の考えの苦痛はあなたの経験している精神的な苦悶となるのです。

もし未来について心を煩わすならば、あなたは自ら喜びや健康や幸福を奪い取っているのです。今あなたの祝福を数え、その両方の泥棒を追い払いなさい。過去のたのしい喜ばしい挿話について考えることは現在の喜びであります。

記憶しておきなさい、過去の事件の結果は良かろうと悪かろうとあなたの現在の考えを代表するにすぎないのです。あなたの現在の考えを正しい方向に導きなさい。あなたの心の中に平安と調和と喜びと愛と繁栄と善意とを祭りあげなさい。折にふれ意識的にこれらの概念についてゆっくりと考えなさい。そしてそれらを要求しなさい。そして他のすべてのことは忘れなさい。

最後に、兄弟たちよ、すべて真実なこと、すべて尊ぶべきこと、すべて正しいこと、すべて純真なこと、すべて愛すべきこと、すべてほまれあること、また徳と言われるもの、称賛に値するものがあれば、それらのものを心にとめなさい。あなたがたが、私から学んだこと、受けたこと、聞いたこと、見たことは、これを実行しなさい。そうすれば、平和の神があなたがたと共にいますであろう（ピリピ人への手紙第四章八節）。

折々この精神的な薬をお飲みなさい。そうすればあなたは輝かしい未来を経験するでしょう。

すばらしい自動車を手に入れたメイド

あるメイドは自動車を買うために自分のささやかな給料から週三ドルずつ取っておきました。彼女の姉は『眠りながら成功する』という私の著書を一冊彼女に与えました。そこで彼女はむさぼるように読みました。彼女はその後私の秘書のジーン・ライト夫人に、私はある夜すわって自分の潜在意識に自動車の考えを印象づけるために自分自身に当てた手紙を書きましたと、話しました。彼女の手紙の要旨は、自分が今得た自動車に対して神に感謝を捧げたということ、その代金を完全に支払うことができたこと、またその自動車が申し分なく役にたっていることに満足しているというのでありました。彼女はその手紙を机の引出しに入れました。また「祈りをかなえてくださって、父よ、ありがとう」と書いたものを同封しておきました。

その成り行きがおもしろいのです。次の日曜日に彼女は教会にまいりました。そして受付の一人と話をして、その人の新しい美しいキャデラックについて彼女は意見を述べました。

すると彼はこう申しました。「私は自分の自動車の一台を売りたいんだが、あなたはよい自動車をほしがっている人をだれか知りませんか」。彼女は答えました。「ほしい人はいるんですよ。でも私はたった四十五ドルしか貯えてないんですの」。その受付の人が申しました。「それでよろしいでしょう。入れておく場所がないのですから四十五ドルでその車をとってください」。それで彼女はありがたくゆずってもらいました。彼女の車は二年以上も完全に役目を果たしております。以前現金で自動車を買うには資金をためるのに三年くらいかかるだろうと彼女は計算したことがありました。しかし彼女は今自動車を要求して勝ちとってしまいました。

自動車はあなたの心の中の尊い概念なのです。そして世界中のモーターが全部、何かの大破壊によってこわされたとしても、技師は別のものを設計することができます。そして二、三ヵ月もたてば何百というモーターが現われるのです。自動車という概念と原理は神の中にあります。そしてそれはあなたの中に存在するのです。

犬を贈ってもらった八歳の少年

「心の準備ができていれば、すべてのものはすぐできる」とシェイクスピアは申しました。聖書にも書いてあります。「あなた方は、刈入れ時がくるまでには、まだ四ヵ月あると、言っているではないか。しかし、私はあなた方に言う。目をあげて畑を見なさい。はや色づいて刈入れを待っている」（ヨハネによる福音書第四章三十五節）。

これら二つの引用文はあなたの知的、精神的世界にのみあてはまります。以前に指摘したように、すべての物は概念として精神的な型として原理として無限の心の中に存在しているのです。

八歳ぐらいの少年が母親につれられて私に会いに来ました。彼はいうことを聞かず頑固で反抗的でした。彼の遊び友だち全部が犬を飼っていたらしいのです。その犬の多くはアイリッシュ・テリヤでした。それで彼は犬をほしがって絶えず泣き叫んでおりました。彼は両親が愛玩用の犬を喜んで許してくれないので、恨んでおりました。彼の母は、犬とは不潔な動物で家の中では飼いたくない、しかし彼が大きくなって十八歳になったならば飼うことを許そう、その時は自分で犬を世話することができるだろうと彼に話していたのでした。

その小さい少年はなぜ犬を飼うのに十年も待たねばならないのか理解できませんでした。私の要求でその母親は三十分ばかり少年を私と二人だけにしてくれました。するとその少年は悩みを全部私に吐き出しました。私は、彼がほしいと思っている犬を心の中に描いて、想像の中で愛撫し毎夜眠る前に撫でるようにと彼に申しました。ちょうど一匹の犬が彼といっしょに部屋の中に今いて自分の両腕でその犬を抱いているのだと感じてみるようにと申しました。私は彼にこれを毎晩するようにと提案しました。

その少年の誕生日は偶然にも私に会った日から二、三週後でありました。少年の祖父が彼を訪ねてきて将来の教育のために預金しておいた三十ドルの小切手をプレゼントしてくれました。その上アイリッシュ・テリヤの小犬を一匹持ってきてくれたのでした。その祖父は家族全員から大喝采を受けました。そして犬に対する反対はすべてその二つの贈物を喝采して認めたことで消えてしまいました。

この小さな少年は結局犬を十年も待つにはおよびませんでした。少年は今犬を飼う喜びに浸るとき自分の考えの烈しさで、時というものを崩壊してしまったのでした。箴言は次のように言っています。望みを得ることが長びく時は、心を悩ます……（箴言第十三章十二節）。あなたの収穫はあなたの心の中で今用意ができているのです。延期しないで今あなたの望ましいものを得るように心を準備しなさい。

●再婚できた未亡人

私は最近三年も夫を得たいと祈っていたが相応しい男子に会えなかったという未亡人と会見いたしました。彼女と話しているうちに、彼女の心の中には何か人を受けつけないような障害物があるということに気づきました。なぜなら彼女の口に出さない考えは「私は退職した時結婚したいのです。そうすれば夫といっしょに旅行することもできるし自由に生活を楽しめるし」というものでした。彼女は未来の結婚を計画することで目的を挫折させているのでした。

私は時間の潰し方を彼女に説明しました。夜眠る前に指に結婚指環をはめていると考えてそれが自然に指に触れるのを感じるようにと私は暗示したのでした。その上想像上の男性との結婚はすでに生じていたのだから彼女が今結婚の現実味に喜悦することは心理的にも重要な意味をもつのです。

もしほんとうに結婚していたらこうもあろうという感じと喜びとに浸り込んで彼女は一週間をすごしました。一週間の最後の一日に以前に社交上会ったことのある彼女の息子のボーイスカウトの先生が、彼女に求婚いたしました。そして私がその結婚式を司どる特典を得たのでした。

このことは、すぐにあなたの胸の中の願望を精神的に実現できるということを立証しています。この婦人は心の中に指環を描いてそれを実感しましたが、これが彼女の潜在意識に伝えられました。そして潜在意識に内在する無限の英知がこれに答えてそれを現実にもたらしたのでした。彼女は自分の潜在意識を自分の「見えざる結婚の仲人」と呼びました。誠にそのとおりです。

昇進と莫大な増俸を得るには

かつてある技師が、いっしょうけんめい昇進しようと努めているが、彼の組織内には彼より数年も前から勤めている人が何人かいるので、彼はたぶん四、五年は待たねばならないだろうと思うと私に話したことがありました。この技師は操縦士の免許状を持っていてロサンゼルスからニューヨークや他の都市へ研究目的のための飛行機を操縦していました。ニューヨークまでの飛行にはどのくらいの時間がかかるかと私は彼にたずねました。「そうですね、ジェット機なら五時間もかかりませんね」と彼は申しました。つまり彼は三千マイル以上の空間を五時間足らずの時間に短縮したのでした。年老いた馬に曳かせた荷馬車なら十八ヵ月はかかるかもしれない旅です。

わが国の数学者や科学者は時間と空間は一つであって相互関係のあることを指摘しております。つまりわれわれが時間を短縮すれば、われわれは空間をも短縮するのだということを指摘しているのです。私は率直に彼は自分自身を昇進させていると申しました。しかし最初に彼は自分の心の中にあるバリケードやじゃまもの、すなわち「他の人が私の先にいる」「私は待たなければならないだろう」などという昇進を阻止する気持を取り除いてしまわねばならないだろうと申しました。

朝晩約五分間彼は心を落ちつけて妻が彼に「あなた、私はあなたが昇進して俸給がふえてうれしいわ。ほんとうにすばらしいんですもの」といっているのを想像いたしました。彼は彼女の抱擁を感じ、彼女の声や身振り、彼女の現わした喜びをまるで本物のように自然に感じたのでした。

数週間たって、彼は宿望を実現いたしました。これを書いている頃は彼は理想的な考案課題に取り組み、極秘の仕事をしていることでしょう。そして名声も高まり俸給も莫大に増加していくでしょう。

新しい命をさずかった男

最近ある男がテキサスから電話してよこして、いろいろの苦労についてくどくどと話した後自分の不運なことで神を非難しました。そこで私は、宇宙は法と秩序からなるものであり、他のものの中にある神も原理であり法則であることを彼に説明いたしました。そして人間が法則を破れば、その人はそのために苦しむのだということも説明しました。それは恐しい神による罰の問題ではないのです。反対に、原因と結果の法則による個人に関係のない問題なのです。人が心の法則の使用を誤れば、その反応は消極的になるが、この法則を正しく用いれば、それは人を助け癒しそして彼の魂を回復させるでしょう。私は電話で神聖な生命の方へ自由に流れる水路になるにはどうすればよいか彼に教えました。そして次の祈りをときどき用いるようにと申しました。

私は澄んだ広々とした神への水路であります。そして無限の命は健康、平和、繁栄、正しい行為となって妨害されることなく私に流れ込むのです。私は絶えず新しい創造的な考えを放散させ内部に封じ込められている輝きを解き放っているのです。

この男は寿命が延びました。そして今ちょうど人生を楽しみ始めたばかりだと私に話しております。「私は望ましい物を塞ぐことをやめました。ホースにのせていた足をのけたのです。すると命の水が溢れるように私の生命に流れ込んできます」と彼は悲しげにつけ加えました。

彼はくつろぎ、解き放すことを覚えたのです。そして生命の限りない径路に彼の否定的な心理状態の重みをかけることを中止しました。その結果彼は直ぐに命の祝福を受け始めました。

幸福と成功をすぐ経験するには

宇宙全体を動かしている、唯一の広大無辺な力が存在します。神は生命です。そしてそれは今あなたの生命でもあります。この生命の原理は、あなたが選び決定する能力をもっておりますので、建設的にも破壊的にも導かれるのです。

あなたが広大無辺な力と波長を合わせて、あなたの中に調和的に平和的に喜ばしく流れ込ませる時、そしてあなたが正しく考え、正しく感じ、正しく行動する時、あなたは直ぐその場であらゆる面で完全な幸福と成功に満ちた生活を送れるでしょう。

あなたが恐怖、後悔、良心の呵責などといった否定的な考えに耽る時はいつでも、あなたは生命の原理を破滅的に使用しているのです。すべての恨み、苦痛、敵意、精神的誇り、強情、批判そして他人を非難することは、特に生命の原理の誤った用い方で災厄を招く方法であります。

私たちが恐怖や怒りや憎しみや嫉妬と精神的に同居する時は、私どもの生命はちょうどあなたがたが庭のホースに足をのせて水の流れをふさいでいるのと同じ圧迫を受けているのです。やがて潜在意識にせき止められている否定的な感情は、精神的肉体的両方の病気となって現われるのです。

広大無辺な科学で問題を克服する喜び

あなたは神のすべての優秀性、属性、能力そして姿を再生するためにこの世に存在するのです。これがあなたの存在する真の理由なのですから、完全な調和、健康、心の平和に劣る物に対しては何であれ総体的な不快を現わすのがあなたの義務であります。

挫折や欠乏や限界に対する不安、いらだちは、あなたをたいへんに刺激して、あなたの内部にある広大無辺な力ですべての困難を征服できるようにするのです。

あなたの喜びは打ち勝つことにあるのです。人生の諸々の問題や争いや挑戦はあなたの知的、精神的な道具を鋭くさせてあなたの隠れた力を叩き出し、内部にある無限の貯蔵庫の宝物を放出することができるのです。

あなたの望む物は何でもあなたの心の中の考えとしてすでに有効なのです。ほしいと思うものを要求しなさい。そしてそれを実体だと感じなさい。無限の心とは空間と時間を越えたものです。自分自身を制限するようなことはやめなさい。あなたの心の中にあるあらゆるくずれかかった障害物を取り除き、今祈りがかなえられた喜びにあずかりなさい。

……目をあけて畑を見なさい。はや色づいて刈入れを待っている（ヨハネによる福音書第四章三十五節）。その収穫とは広大無辺な善きものの成果です。

★要約……有益な考え

1　あなたはじゅうぶん幸福で輝かしい生活を送るためにここに存在しているのです。

2　考えたり、話したり、行動したり、歌ったりまた自動車を運転したり、想像したり、感じたりするのにも、ビジネスや職業を行なうのにも正しいやり方とまちがったやり方とがあります。あなたはその違いを知らねばなりません。

3　あなたの中にある最高の英知に依頼しなさい。そうすればそれは神があなたに知ってほしい、またしてほしいと思うことをあなたの心の中にささやくでしょう。

4　健康は現在にあります。富も今あるのです。権力も今、愛も今あり、導きも今あるのであります。神は永遠に現在なのです。

5　もしあなたが将来の何かを計画しているのならば、あなたは今その計画を進めているのです。もし過去について考えているのなら、今それを考えているのです。

6　あなたは自分に当てて手紙を書くことができます。それによってあなたの潜在意識に思いつきと願望とを印象づけます。手紙に「かなえられた祈り」と書きつけなさい。それはそのとおりになりますよ。

7　もし心の準備さえできれば、すべてのものはすぐ可能となります。

8　あなたの潜在意識は「目に見えない結婚の代行者」であります。眠る前に自分の指に指環をはめていると想像して、その指環があると実感し、その指環に自然に触れている感じを会得すれば、潜在意識は実現という形で答えてくれるでしょう。

9　だれでも昇進します。愛する者があなたのすばらしい昇進に対してお祝いの言葉を言ってるところを想像してごらんなさい。それをいつまでも心の中にしまっておきなさい。この想像の光景を気長に描き続ければ、途方もない利益配当金を受取れます。

10　宇宙は法と秩序に従ってます。心の法則を誤って使用すれば、その人はそれ故に苦しむのです。

11　潜在意識の中でうなっている否定的感情は、あらゆる種類の病気や機能障害となって現われるのです。

第七章　歳月の偉大な神秘

あなたが、この世のすべての経典に書かれた真理と神秘に目ざめないうちは、あなたの祈りも実際に効果をあげないでしょう。そのことは聖書の申命記第六章四節に述べられています。イスラエルよ聞け。われわれの神、主は唯一の主である……これは次のことを意味しているのです。すなわち、聞けというのは（理解せよ）であり、イスラエルよは（照らされているあるいは醒まされた民よ）であり、主というのは（気高き力、最高の権力）を意味し、わが主は（われわれの支配者すなわち広大無辺な力）であり、唯一であるは（一つの権威すなわち二つでも三つでも十でも千でもないたった一つを）意味するものです。

あなたの生活を変えるほんとに効果的な祈り

神は存在します。そして存在するすべては神であります。この存在の権威は調和、健康、平和、喜び、正しい行動、豊かさ、真実な表現、また霊感となって私を通して流れ、私の中に存在するのです。私は天国に至る明澄な水路であります。そしてこれらの真理を考え、感じますので生活のあらゆる祝福を経験するだろうと私にはわかっております。私はこの祈りを習慣にいたします。そうするとすばらしいことがいくつも私の生活に起こるのです。これが私の生活を変える意識の新サイクルの基礎を定めるのです。

●いつも広大無辺な光に目を向けて前進する

円を描いてグルグル回ることをやめなさい。あなたの目を神の栄光の光に常に注ぎなさい。そして光に照らされて前進しなさい。

古いきまり文句を繰り返し、あいかわらずの古い方法で考え、無意識に答える型にはまった機械のような生涯を送るのをやめなさい。

自動車が古くなれば、あなたは新しいものを買います。それと同じく、ときおり新しい衣装や新しい家、新しいより機能的な事務所を入手します。今すぐ新しいビジョンを、自分についての新しい映像を得てはいかがですか。最上のものを期待しなさい。非常に輝かしい未来を予期して楽しみにお待ちなさい。それが可能なのだと信じなさい。あなた自身の新しいイメージといっしょに生活しなさい。そうすればあなたの夢の喜びや、それが達成したときのスリルを経験するでしょう。

あなたは今日何を知っているのです。あなたのわかっているのはどの程度ですか。あなたは家族の人たちを眺めています。妻を夫を、子供たちをあなたは見ます。その人たちが話すのを聞きます。それでいてなおあなたの家庭にはあなたの知らないことがたくさんあるのです。テレビやラジオのダイヤルを回せば、今ここにいる人々の声や音楽を聞けることもあなたは知っています。しかしあなたは自分の中にある神について知っていますか。その神は病を癒し、あなたを励ますし、あなたの隠れた才能をあなたに示して、文字どおりにあなたの生活に奇跡を働くことができるのです。この開かれない力が常にそこにあるのです。今それを用い始めなさい。

科学者はいかに宇宙研究の答えを得るか

私の近くに住んでいるロケット協会の宇宙科学者で委員であるロザール・フォン・ブレンクシュミット博士が、宇宙計画に関係する操縦部門に問題があるといつでも、自分の心の動きをとめて、静かに次のように肯定すると私に語ってくれました。私の中にある無限の英知はこの計画に光を投げてくれます。すると突然、私の心は答えを得て明るく輝くのです。その答えは折々私の心の中にグラフとして現われます。彼の中にある無限の英知は彼の要求に対して答えるのです。

自分の望むものになりなさい

あなたは古い考えの型から離れて、ものごとがそうあってほしいと思うことを心の中でじいっと考えねばなりません。サンフランシスコに行きたいと思えば、あなたはまずロサンジェルスを去らねばなりません。同様に、しあわせな人、楽しい人、好運な人そして成功する人となりたければ、あなたの昔の恨み、いらいらさせるもの、否定的な考えそして自己を痛罵することを、本を閉じるように背後に投げ捨てて忘れねばなりません。そして新しい自らのイメージを得なければならないのです。

あなたがなりたいと思う人間としての自分の姿を心に描きなさい。その新しいイメージに忠実でありなさい。そうすれば浸透の過程と同じようにそのイメージがあなたの潜在意識の底に沈んでいって、潜在意識は暗闇の中に新しいあなたのイメージを妊《みごも》るのです。そしてしばらく経つと祈りがかなえられたときの喜びとなってあなたの経験の中に現われてくるのです。あなたは神の新しい人になり栄光から栄光へと前進するでしょう。

●いかにして偉大なことを成就するか

あなたの心を楽しく積極的にしっかりと出世、昇進、成就、完成の方向に導きなさい。あなたの心の願いを成就させ、完成させ、実現させるための精神的環境に住めるように新しい住居を心の中に設立しようと精神的に動きなさい。あなたの新しいイメージが本物だと受け取れ、心の中でそれが真実だと悟れるようにあなたの考えを内部に固めるのです。するとそれが現実の事実となるのです。

毎日同じ方法で帰宅したり働いたりしてはいけません。始終同じ古い新聞を読んではなりません。同じ古い話し方で話してはなりません。毎日きまり文句を言うのを避けなさい。新しい仲間を作りなさい。違った道を通って帰宅しなさい。するとあなたが以前は知らなかった種々の機会や意義に気づくかもしれないのです。広大無辺な立場からあらゆる物、すべての人々について考えなさい。そうすればあなたは偉大なことをいろいろ成し遂げうるのです。

●「ジンクス」を追い払う

昨年私は少し前に破産してしまった人と会いました。彼は潰瘍ができて高血圧に悩まされ、「困りきって」いたのでした。彼は自分の後から呪いがついてくる、そして神が過去の罪のために自分を罰して、恨みをはらそうとしている、そして自分は当然の報いを刈り取っているのだと信じていました。

自分の後からジンクスがついてくると彼が信じている限りは、信念は経験や条件やでき事として現われるという簡単な理由から、彼は苦しむことになるのだと、私は彼に説明いたしました。そして彼の生活に奇跡を起こす次の祈りを彼に与えました。

唯一の創造主、唯一の存在、唯一の力だけがあるのです。この力が私の心、精神として私の内にあります。そしてこの存在が、私によって動くのです。私は無限の英知の見地で考え、話し、行動します。私は考えはものであること、私は感じるものを引きつけるということ、そして私が想像するものに自分がなるということを知っています。私は絶えずこれらの真実を思いめぐらします。神の正しい行為が私の生活を支配します。神の法則と秩序は最高度に生活のすべての面に働きます。神の導きが今私のものになっています。神の成功は私のものです。神の栄は私のものです。神の愛が私の魂に満ちています。神の知恵が私のすべての仕事を支配しています。恐怖や心配が心の中にはいってきたときはいつでも、直ぐに「神は今私を導いているのです」あるいは「神はその答えを知っています」と私は断言いたします。これを習慣とします。そうすると私の生活に奇跡が生じているのだということが私にはわかるのです。

彼は一日に五、六回こう大声で祈りました。そうすると月末には健康が恢復し、彼は発展していく企業のパートナーとして受け入れられました。そして彼の全生活が変化しました。彼の心に君臨した新しい考えは、彼の主人になり彼に豊富な生活を実現してくれました。

アイデアは私どもの主人であります。私どもは思いつきによって統制され支配されるのです。あなたも心の中にこの男のように神のアイデアを祭りあげなさい。そして奇跡があなたの生活に起こり始めるのをじっと見まもりなさい。

信仰で関節炎を癒す

私は最近関節炎のために超音波療法とアスピリンの治療を受けていた婦人に忠告いたしました。彼女は祈っておりましたが、「私は健康や調和や平和について考え始めるたびごとに、私の病気は不治なので、もっと苦しくなって障害になるんだという考えがいっぱいになってきます。そうすると私は健康のことを考えることができません」と申しました。この理由は、赤ん坊の時から彼女は多くの病気は治らないものだと信じ込んでしまったというのでした。関節炎は障害になることがあるし、もう治らないと信じているために、彼女は健康や調和や完全を慎重に鋭敏に明白に選ぶ資格に欠けているようでした。しかし私の教えについてくるようになってから、彼女はこの態度を解消するようになりました。

彼女がまずしなければならないことは、病気を生じる力と病気の程度を決定する二つの力があると信じている彼女の心のまちがった考えを正すことでした。彼女は実際にこの二つの力を信じていました。そしてすべての病気や貧乏や悲惨な境遇や世の中の苦しみの原因は、心をふらふらと落ち着きなくするものを信じることが流行しているからだという簡単な真実を認めなかったのでした。

彼女は笑顔を取り戻そうと決心しました。そして心のビジョンの世界に焦点を合わせ勇敢に次のように断言いたしました。

広大無辺な力しか存在しないということを私はキッパリと信じます。それは完全であり美であり、完璧です。人生の最大の秘訣は、限りなく善きもので完全なものである一つの力を知り、信じることだと私は理解し、信じます。私を創造したこの力の病気を癒す愛が、私の体に沈澱している余計なもの全部を今溶かしているのを私は自覚して要求します。私は生きている神の宮殿であります。だから私は私の体の中にいる神を賛美するのです。

彼女はこの祈りを続けておりましたので、唯一の神への信仰が高まり、邪悪な力を信じることが徐々に減少して、遂に唯一の広大無辺な力への確心が彼女の心の中を最高に支配しました。彼女は超音波療法を続けました。すると徐々に手足がしなやかになりました。関節炎の特徴であるカルシウム質の沈澱物は消えてなくなり、浮腫もひきました。そして彼女の体は唯一の存在の方に、常に美となり愛となり平和となって行動する唯一の力の方に向く通路となりました。彼女の心の中に唯一の力を祭って、それが体の中で役目を果していると信じたことが、彼女の潜在意識の中のあらゆるものをすべて消してしまったのでした。

頭の知識を心の知識にしなさい

かつてある婦人が生活に関するすばらしい哲学を私に語ってくれました。彼女は「生活の方法」と題する論文を書いておりました。彼女の論文はすべて学問上たいへんにしっかりしていて、精神的にも真実でした。でも彼女の個人的な生活は渾沌たるものでした。彼女は二十五歳にして四回離婚を経験していました。彼女は酒飲みで家賃を払うことができませんでした。

私は、彼女の理論も仮定も冷静な優雅なものも彼女の経験に具現され明らかにされねばならない、さもなければそれらは無意味なのだと彼女に説明しました。言い換えれば、彼女の頭の知識が心の知識にならねばなりませんでした。すなわちこれらの真理を、それが生きている彼女の一部に、一切れのパンが彼女の血液の流れの一部分になるのと同じ方法で彼女の生きた一部になるまで彼女は消化して、私用に供さなければなりませんでした。

彼女の考えも理論も思いつきも、りっぱではありますが、彼女の体や、経験や性格に表われてきてはいませんでした。彼女の学理を実際に示す唯一の方法はそれを彼女の生活で実行することです。それを今まで彼女は正確にすることができなかったのであります。

私は彼女に祈りの一つの型を与えました。そして整然と本格的に頭や心をこれらの真理で満した時、彼女は全く変わってきました。これが彼女の用いた祈りです。

神は愛です。神の愛は私の魂に満ちています。神は平和です。神の平和は私の心と体に満ちています。神は完全な健康です。神の健康は私の健康でもあります。神は喜びです。神の喜びは私の喜びです。それで私はすばらしく感じるのです。

科学者は一つの理論や仮定を提出します。しかしそれが一般に科学的な事実として受け入れられるまでは空間のスクリーンで客観的に確認されねばなりません。さもなければそれは単なる学理に止まるのみです。

考えは肉体として具現されねばなりません。そしてそれはあなたの経験となって体現されねばなりません。敬虔な信仰をあなたの生活のすべての面で実地に行なってみせなくてはならないのです。

神はなぜ戦争や犯罪や病気をほっておかれるか

最近一人の男性が私に「もし神が存在するのなら、なぜ神は、戦争や犯罪をやめさせないのか。なぜ病気を払拭してしまわないのか」とたずねました。これと同じ叫びが久しく多くの人々の口にのぼっているのです。「なぜ神が私をそんなに苦しめるのか。なぜ神は私にこの病気を起こしたのか。私は非常に善良です。私は教会のすべての規則と教義に従っていますのになお悩んでいます。なぜでしょうか」としばしば人々は叫び、不平をこぼし、泣きごとをいうのをあなたは聞くでしょう。

その答えは簡単なのです。私は喜んで説明しましょう。それは無限の精神、無限の英知、無限の生命である神（広大無辺の力）は、各人の中に宿っているのですが、人は考えるたびごとに、良きにつけ悪きにつけこの創造する力を使用しているのです。ラルフ・ワルドー・エマーソンが人間とはその者が一日中考えているものであると言いました。聖書には彼は心のうちで勘定する人のように勘定している（箴言第二十三章七節）とあります。

ときおり私は病院にはいっている人々を見舞います。そうすると「なぜこんなことになったのでしょうか。私はだれをも憎まないのに」という人たちもあれば、「神が私を罰しているのです。なぜでしょうか」という人たちもあります。多くの場合その説明は治癒ということです。あなたの考えがよければよいことがそれに続くし、考え方がまちがっていれば悪いことがそれにつづいて生じるのです。

久しくこのかた神学者たちは、禍とは爪や角を持ち、こうもりのような耳をして、突き刺さんばかりの尖った尾を持った悪魔、つまり私どもに悪事をさせ、誘惑する恐ろしい一種の怪物によって生じるのだと信じるように人々を洗脳し、催眠術をかけてきていました。しかし、そのようなものは存在しません。それは架空の想像であり、人間のゆがめられた曲解された空想観念の具体化なのです。

非常に若い時には、私どもの心は感じやすいのです。そして抽象的な理論に耽ることができないのです。だから私どもは自分たちの両親や他の人たちによって暗示されたこの気味悪い有様をあたかも、催眠術をかけられて「あなたは今部屋を這ってやってくる蛇を見ていますよ」という言葉を信じ込むのと同じように受け入れているのです。その人の潜在意識は機械的にその暗示を受け入れようとするのです。そして想像の蛇の姿を見ようとするのです。その人にとってそれは真実であるように見えるでしょう。あなたはマルチン・ルターが悪魔にインキ壺を投げたことを読んだことがあるでしょう。それは彼の心、善と悪とに関する心の妄想と迷いによって生じた彼自身の考えの具体化にほかならなかったのでした。

二つの力を信じるという迷信

私どもは子供の頃、絵や心で描いた形だけで考えました。そして、それ以上によくはわからないので、神や悪魔についてこの想像した形を具体化したのでした。要するに私たちは考えたり感じたり、信じたりするもので自分自身の天国や地獄を創っているのだということを認識しないで、神を天国高くそして悪魔をどこか下の地獄に心で描いているのでした。

ジャングルに住む未開人は、快楽を神々に、すべての苦痛や悩みを自分自身で創造した悪魔のせいにしていたのでした。有史以前の人は、自分が支配しえないように見える力に悩まされているとはっきり信じこんでいました。太陽は彼に熱を与えましたが、しかしまた大地をこがしました。火は彼を焼きました。雷は彼をこわがらせました。水は彼の土地に氾濫して、家畜が溺れました。外部の力に関する彼の理解は、たくさんのタイプの神々への原始的な信仰から成り立っていたのでした。

この未熟な理論から彼は、彼の言うことを聞き彼の祈りに答えてくれるだろうと思って風や星々、水の英知にすがって祈ったのでした。彼は風や雨の神々に供え物や犠牲の捧げ物をしたのでした。未開人は神々や種々の魔神を有利な力と有害な力に分けたのです。ここからすべての宗教組織にある、二つの性格の普遍性が生まれたのでした。今日でもこの大昔の迷信的な信仰の遺物が存在しているのです。

健康、幸福、繁栄を選ぶ自由

私が非常に幼くて抽象的に考える能力を持たなかった頃、神というものは慈悲深く親切な老人で周りを天使たちに取り囲まれて天国にいるのだ、そしてその天国の通りは黄金で舗装されているのだと聞かされていました。もし私が善良になろうとすれば、いつかは天国に行けるだろう。でももし悪くなれば地獄に行くだろうと言われていました。

人間は自由な者です。刺客にも凶賊にも殺人者にもあるいは神に、国家に世界に献身できる健康な幸福な喜ばしい好運な男子にもなれる自由を、人は持っているのです。人は善良であるように強いられてはおりません。人は善くなる自由も、悪くなる自由も持っているのです。もし人が善くなるように強いられたら自由というものは存在しないでしょう。人は自由な選択や意志を持たない自動人形になるでしょう。

私たちの悩み、苦しみ、不幸のすべては、私たちが普遍的な法則や原理について無知だったり、その使用の仕方を誤ったり、また悪用したりすることによるのです。生命の法則や宇宙の法則の両方を聡明に使用することで、われわれは無知を克服しなければなりません。

創造する力は唯一なのですが、それは神、アラー、梵天、実在、広大無辺な力といった、たくさんの名前で呼ばれています。純粋の意味ではこの力は、一致、調和、平和、美、秩序、リズムそして愛として働くのです。しかし人はこの力を建設的にでも破壊的にでも自由に選んで使用することができます。見よ、私は、今日あなた方の前に祝福と、のろいとを置く。もし今日、私があなた方に命じるあなた方の神、主の命令に聞き従うならば、祝福を受けるであろう。もしあなた方の神、主の命令に従わず、私が、今日あなた方に命じたる道を離れあなた方の知らなかった他の神々に従うならば、のろいを受けるであろう（申命記第十一章二十六節―二十八節）

唯一の広大無辺な力だけが存在します。それで私はあなたの生命の中で作用している唯一の存在すなわち唯一の力に深い、変わらない信念を持たないうちは、真の幸福と心の真実の平和とをほんとに経験することが決してできないのだと私は強く主張したいのです。

実際に欠乏や恐れや病気がなくなれば、意見の相違や喧嘩のありえない唯一の力をあなたが新しく知り、確信し、そして絶対に信じるようになるのです。二つの力が存在するということは不可能です。一つは他を無効にしようとします。そうすればあらゆる所に無秩序が生まれます。広々とした水路になりなさい。そして神の愛を調和を平和をいつでもあなたを通して流れさせなさい。

あなたに平和と調和をもたらし、問題を解決する知識

神は無限です。そして無限は分けることも殖やすこともできないのです。聖書に書いてあります。私は光を作り、また暗きを創造し、繁栄を作り、またわざわいを創造する。私は主である。すべてこれらのことをなす者である（イザヤ書第四十五章七節）。

この聖書の引用文はあなたが自分に光を与えるために使用することのできる唯一の力だけが存在するということをわかりやすく脚色して描いています。そしてあなたが意識的に要求する時、無限の知識はいかなる問題にも光を投げるということを意味しているのです。「私はじゃまされている。ふさがれてる。出る道がない。絶体絶命だ」という時、あなたは暗闇を創っているのです。このような精神的身構えをとってしまった時には、あなたの意識の命令によって、ただ「無限の知識は出る道を知らないのだ」と言っているにすぎず自分の無知や広大無辺な力の誤用によって生じた暗黒と混乱の世界に住んでいるのです。

真実で美しく高貴で神のようなものならどんなものでも精神的にじっと考えれば、あなたは平和を創造できるのです。あなたは否定的に不純に破壊的に考えることで経験にわざわいを創り出すのです。言い換えれば、自分にこのような質問をしてごらんなさい。「私はこの力をどう使用しているか」、あなたがそれを建設的に調和的に、その性質に従って使用する時、あなたはそれを「活動している神」と呼べるかもしれません。それを破壊的に否定的にその性質と反対に用いる時には、「悪霊」とか「悪魔」と呼ぶこともできるのです。

生活の善悪はあなたの考えで決まる

自然のすべての力は二つの方法で用いられます。この地上のいかなる人でも、ここで詳しく述べられる単純な真理を理解すること以外に、人は新しい人間になりえましょうか。また新しい誕生を、霊的変換を経験することができましょうか。記憶しておきなさい。あなたは一つの力だけが存在するという絶対的確信に至らないうちは、ほんとうに成長することは決してできないし、また決して精神的に進歩することもできないのです。私は主である。これが私の名である。私はわが栄光をほかの者に与えない。また、わが誉を刻んだ像に与えない（イザヤ書第四十二章八節）。

あなたは床をクリーナで掃除するために、家庭を明るく照らすために、電気を使うことができますし、あるいは誰かを殺すために電気を使うこともできます。あなたは水で子供を溺らせることも、その子に沐浴させることもできるのです。岩に船を叩きつけるその同じ風が、船を安全に運んで行きます。種々の化学的、工業的過程であなたは硝酸を建設的に使用することができます。しかしそれで誰かを盲目にすることもできるのです。原子エネルギーは海上の船を走らせるためにも、都市や町や人々を破壊するためにも使用できるのです。

善も悪も個人の心の中にあります。それらは人の心以外には存在しません。ある物が良いか悪いかということは、その物の用いられ方によるのです。そしてすべてを考慮すると、それは人間の考えによって決められるのです。

あなたは、自分が期待する者になれる

あなたは、理解しないものを信じてはなりません。あなたの心の棚にそれを載せて、自分に言って聞かせなさい。「私のより高き者が光をこの問題に放ちます」と。信じるとおりのものが現われる傾向が明らかにあります。たとえば、あなたが自分の罪を償うために何度も何度も同じ状態に戻らねばならぬと信じるならば、あなたは確かにあなた自身を監禁と束縛の鎖に縛りつけているのです。それによってあなたの精神的発達を妨げているのです。

ただ今から大きくお考えなさい。あなたのビジョンを拡大しなさい。すべてに対して自由と心の平和と豊かさと善意とをじっと考えなさい。あなたはあなたが考えるものになります。あなた自身の新しいイメージは、それ自身の数学と自己表現をする力を持っているのです。あなたに反対するものはなにも存在しません。ですから懸念や心配の原因はないのです。

神聖なビジョン

あなたに内在する広大無辺な力に眼を向け、あなた自身を神の栄光に正しくいつもあてはめなさい。そうすればあなたは毎日向上するでしょう。あなたは権力から権力へ、栄光から栄光へと渡り歩くでしょう。神は今も永久にあなたにこの道を歩かせます。

★要　約……思い出す価値のある考え

1　長い年月の最大の奇跡は一つの力だけ、神だけ、すなわち二つでも三つでもそれ以

上でもなく、唯一の神のみあるということを知ることです。

2　ほんとに効力のある祈りというものは、神の存在があなたを通して調和、健康、平和、喜び、正しい行為、豊かさ、真実な表現や霊感として流れるのを悟って、声に出すことなのです。

3　神の栄光の光にあなたの眼をいつも注いで広大無辺な光の中を前進しなさい。

4　問題があってそれをあなたが解決できないならば、静かに「私の中にある無限の知識はこの計画に光を投げます」と肯定しなさい。

5　あなたがそうありたいと思う人物になったときのあなた自身を描いてごらんなさい。新しいそのイメージに忠実でありなさい。そうすればあなたの潜在意識はそれを実現してくれるでしょう。

6　神の法則という立場からあらゆる物全部を考えなさい。そうすればあなたはすばらしいことをなし遂げ成就させるでしょう。

7　思いつきこそ私どもの主人なのです。私どもは私ども自身の拵《こしら》えた思いつきによって制御され、支配されるのです。

8　あなたを創造した神の治癒力が今あなたの体に溜ったすべての病気を癒してくれるのだと意識的に要求しなさい。

9　頭の知識だけではじゅうぶんじゃありません。ほんとに効果的であるのには、心の知識にならねばなりません。

10　人間は考えるたびごとに創造の力を使用しているのです。それをあなたの生活の広大無辺な善きもののために用いなさい。

11　人は考えたり、感じたり、信じたりするやり方で自分自身の天国や地獄を創るのです。

12　あなたは健康でも病気でもまた富でも貧乏でも選ぶ自由を持っています。あなたは選択する意志を持つ者なのです。広大無辺な生得の権利として健康や調和や幸福を選びなさい。

13　あなたが唯一の広大無辺な力を建設的に用いる時、それは神と呼ばれます。それを否定的に使う時は、人々は悪霊または悪魔と呼びます。自然界のすべての力は二つの方法で用いることができます。物が善いか悪いかはその用いられ方によるのです。ですから物の善悪は人の考え方によって決定されるのです。あらゆる人の幸福の度合を決める鍵はその人の考えなのです。

14　私たちの善悪は私どもの心の用い方によります。

15　すべて信念は現実となって現われる傾向があります。美しく気高い、神のようなもののみを信じなさい。そうすればそれはあなたの経験となって生まれてくるでしょう。

16　神の偉大な真理にあなたの注意の焦点を当てなさい。これが神聖な広大無辺なビジョンなのです。

第八章　正しい決断をしよう

成功した人々はすべて一つのめだった特徴を持っています。つまり機敏な決断を下して、その諸々の決断をなしとげるために難問を切り抜けてねばり強くつき進む能力です。ある著名な企業家がかつて私に、商工業畑で五十年間も数多くの男女と取引した経験から失敗した人たちはすべて共通した一つの特徴をもっていることに気づいたと言っておりました。彼らは決断する際に躊躇するのです。考えがぐらついて、迷うのです。更に彼らは一旦決断してしまった後もその決断を最後までやり抜かなかったのでした。

決断の力

決定して選ぶ力は、人間の最高の特権であります。選択してそして選んだものを、まっさきに始める人間の能力は神の子として生まれた彼の力を表現しているのです。

私は一人の若者から手紙を受取りました。それには決断の力がどのようにすばらしい効果をもたらすかが書いてあります。彼は心でフォルクスワーゲンを一台入手しようと決断しました。彼が感情を込めてそれを言った時、彼のいっそう深い所にある心が彼の知らない方法で答えてくれるだろうということを知っていたのでした。

決断力で新しい自動車を勝ちとった若者

次に示すのはその手紙の抜すいですが、これははっきりした決断をして、その決定を精神的に固執することのすばらしい例であります。

親愛なるマーフィー博士、私は自動車一台を買う決心をするようになりました。しかしそれに必要なだけの金を持っておりません。私はより深い心を信頼することに決めました。私の潜在意識がこれに答えてくれることを知って、私はその問題を心から追い払いました。

四月八日の金曜日の晩に、ある友達が私に十代の人たちの慈善市に行ってみないかと誘いましたので、私は日曜日の夜行くことに決めました。その夜自動車が譲り渡されることになっていました。私は勝ちとりたい自動車に三万五千ドルの冒険をかけました。私の名前が選ばれました。そして私は心に夢想していた自動車を勝ちとったのでした。

私がその自動車を得た理由は、より深い心が自動車の問題を解決してくれると信頼し、信じたからだと私にはわかっています。私が神の真理を絶えず使用しますので、私の生活は今完全に調和しています。私はこの広大無辺な力に対して眼を開けてくださったことであなたに感謝申し上げたいのです。日曜日ごとにあなたにお目にかかると、その一週間を過すために必要なものが私に与えられます。あなたのいろいろの考えや言葉が私と私の家族により良い生活を与えているのです。心からお礼を申し上げます。

カリフォルニア州　西ロサンジェルス　フィリップ・ブレノット

追伸

この手紙を公開してもけっこうです。

勇気ある決断が生活を変える

ある若い婦人が、結婚すべきかどうか決断ができないで、淋しくなって当惑し挫折してしまったように感じていると、かつて私に話しました。彼女の母親はいばりちらして、彼女が興味をもつどの若者にもすべて反対したのでした。この若い婦人はあらゆる進取の気象と決断力を失ってしまい、その結果として寂寥と挫折を味わっていました。

私のすすめによって彼女は、以前は彼女の母があらゆる決定を彼女に代わってしていたのですが、それからは独りで次々と決断を下し始めました。彼女は独りでアパートを見つけそれに家具を備えつける決心をしました。自分の衣類は自分で買う決断をするようになりました。彼女はダンスや水泳やゴルフをすることに決めました。彼女は独りですべての決断を下す習慣が身につきました。遂に母にもまた他の誰にも相談せずに自分の心の指図に従うだけですばらしい男性と結婚する決心をしました。決断をし始めそしてあなた自身の生活をすばらしいやり方で送るのに、決して遅すぎるということはないことに彼女は気づいたのでした。

覚えておきなさい。筋の通った決定に至り、その決定を押し通すことによって、乱れた心や混沌とした事柄に秩序をもたらすことには決して遅すぎるということはないということを。

●決断力がなぜ不思議な治癒をもたらすか

次の手紙は、自分の心が神の広大無辺な心と一つであることを知って、自分自身の心の過程と決断の能力とを信じた信仰あつい一婦人からきたものです。

親愛なるマーフィー博士、二、三年前に私は恐ろしい自動車事故にあいました。医師はこんなにほうぼう折れた首や背骨をこれまで見たことがないと申しまして、私は助からないのじゃないかと疑ったのでした。私は生きようそして神の力によって癒されようと決めました。私はあなたが「神の頭脳に宿るすべての力はあなたの決断に従って答えるのだ」と、言われるのを数回聞いておりましたので、神の力が私の決断に答えてくれるだろうと知っていました。私はあなたの祈り担当の聖職者に祈りについてたずねました。そして無限に治癒する存在が私を全く完全にしているところですと、ときどき主張しました。そしたら驚くべき治癒が後から起こったのでした。私は体と首に数ヵ月あるいは一年間、副木をしていなければならないだろうと言われていましたが、私は数週間副木をしていたにすぎませんでした。そして今私の首も背骨にもなんの異常もないのです。私の心は感謝でいっぱいです。それは私の決心の結果なのだと、私にはわかっています。私は癒される決心をしたのでした。すると広大無辺な力がそれに従って答えたのでした。

E・D

薬剤師の決断

ある日著名な薬剤師と話をしていた時、彼は商売上のことが煩雑でいろいろ紛糾が伴うなど生活していく決断を下すのが、しばしばむずかしくなることがある。けれども正しい決断に到達する思考方式でぜひ実行すべきだと思うようなものはすべてマスターしてしまったと私に語りました。

彼の秘蔵の聖書の引用句は、静まって私こそ神であることを知れ（詩篇第四十六篇十節）です。それから彼はつけ加えました。「神が私に宿っているという事実を私はつくづく考えてみます。そして私の中にある無限の英知に私の注意のすべての焦点を合わせます。神が私に答えてくださるところだと私は想像いたします。私はくつろいで完全に雑念を払いのけて、神の静寂と静止に自分が全くはまり込んでいることを感じるのです。すると突然、水晶のようにはっきりとその答えが私の心の中に現われます。その場合にはいつもその答えは正しいのです。」

この薬剤師は諸問題に対する答えを得るために、そして真実の広大無辺な力と一致して正しい決断を得るためにすばらしい技巧を発展させていたのでした。「沈黙は偉大な事柄を形作る要素である」とトーマス・カーライルがかつて申しました。

正しい決断を得る効果的な祈り

次にあげるのは私が何万という人々に、決断をくだす時の導きとなるように与えてきた祈りです。その人たちはすばらしい結果を得て、みな決断したことで祝福されております。

私が知る必要のあるものはなんでも、私の内部にある広大無辺な力から私にやって来ます。無限の英知が私を通して働いていて、私が知る必要のあるものを私に啓示しようとしているのです。私は、考えによっても、言葉ででも、行為においても、すべての人類に対して愛と平和と善意とをまきちらします。私が送り出すものは千倍になって私に戻って来るということを私は知っているからです。私の中にある神はその答えを知っているのです。完全な答えが今私に知らされるようになるのです。無限の英知と神聖な知恵が私のためにすべての決断を下すのです。それで正しい行為と正しい決定だけが私の生活に行なわれるのです。私は神の愛の外套で我が身を包みます。そうすると神聖な正しい決断はいまや私のものだということがわかるのです。私は平和になります。私は栄光に輝いて信仰と自信と信頼に満ちて歩きます。私は私の判断をくだす意識的な心にはいってくる導きを認めます。私がそれを見誤ることは不可能です。神は穏やかに私に話かけてくださいます。父よ、答えをいただけて感謝いたします。

どうしたらよいか、なんと言ったらよいか、どう決断したらよいかしらとあなたが思っている時はいつでも静かにおすわりなさい。そしてゆっくりと静かに、うやうやしく感情をこめて前述の真理を肯定しなさい。これを約三回くつろいだ平和な気分でしなさい。そうすればあなたは神の鼓舞を受けるでしょう。そして心の中の魂が静かにその答えを知っていることを経験なさるでしょう。それによってあなたが知っているということがわかるのです。おりおりその答えは、心の中の確実性のある感じとして、有力な予感として、あるいはトーストがトースターからぽんと音がして飛び出るように、あなたの心の中に明瞭に湧き出る自発的な考えとして現われるのです。直観的にあなたにはくだすべき答え、正しい決断がはっきりわかるでしょう。創造的な知的な祈りによって正しい決断をくだしなさい。

論理的な決断の導き

あなたが「論理的」という言葉を用いる時にはあなたの判断が筋が通っていて妥当で確実な根拠のあるものであり、宇宙の合理的な原理に基礎づけられている、あるいはものごとのあるべきやり方であり、首尾一貫した推論しうるものだということを意味しているのです。

善いことのみが後に続くことができるからには、あなたが善いことを考えるのは論理的なのです。あなたが悪を考えて善きことを期待するとすれば非論理的です。なぜならそのような考え方の種がその性質どおりにはえるのですから。これは精神的な宇宙です。そして精神的な法則は常に最高なのです。論理的決断は常に広大無辺な知恵に基礎づけられているのです。

株式仲買人になれた婦人

ロサンジェルスのある百貨店の一女店員は、数年間株式市場に興味をもっていて、投資者として非常に成功いたしました。この若い婦人は仲買業の店に雇われるために、夜学で資格をとろうと必要な課程を受講しました。

彼女は数えきれないほど面接を受けましたが、彼女のいうところによると、女性であるがために雇用されませんでした。「彼らはただ女性は困ると考えているんです」と彼女は私に言いました。そこで私は、「私は今廉潔と正義にかなったすばらしい収入で仲買業の会社に雇われました」と勇敢に断言するように決心すべきだと示唆いたしました。

彼女が心の中で決断して、その決心を口に出した瞬間に、彼女の潜在意識が彼女の理想が達成するための完璧な計画を啓示して答えてくれるでしょうし、またその方法をはっきりと開けてくれるだろうと、私は彼女に説明いたしました。私はまた意識に浮ぶ導きについていくようにと教えました。

その結果がおもしろいのです。彼女は地方新聞に広告してみたいという強い衝動を感じました。そこで二ヵ月間無給で働くことと顧客となる見込みのある人々を大勢友人や仲間にもっていることを広告したのでした。彼女はすぐ三つの会社から申し込まれ、その中の一つを受け入れました。

このことは自分の決断能力を信じなければならぬということと、あなたがはっきりした決断、すなわち潜在意識の力を信じることで支えられている決断に到達した時、いろいろな不思議なことがあなたの生活に起こり、すべてのつまづきを払いのけるということを示しているのです。

広大無辺な神性を受け入れる決心をしなさい

決心することを恐れたり、選択することをこわがる人々は、自分自身の神性を認めることを実際には拒絶しているのです。というのは神がすべての人間の中に宿っているからです。選び、決断を下すのはあなたの神聖な広大無辺な権利なのです。

あなたが広大無辺な世界を支配しているのですから健康にしあわせに栄えるように、そして成功するように自分で決めることができるのです。あなたの潜在意識はあなたの意識（広大無辺な理解力のある）に服従するのです。そしてあなたが命ずるところのものは何でも起こるようになるのです。聖書にこう書いてあります……人は自分のまいたものを（彼の広大無辺な潜在意識の中で）刈り取ることになる（ガラテヤ人への手紙第六章七節）。

広大無辺な力はえこひいきしない

あなたの潜在意識はすべて自然の法則と同じように勝手な役割りは務めてくれないのです。熱いストーブの上に手を置くのは不合理なことです。もしそんなことをすればその結果にあなたは苦しみます。高い建物の屋根から跳びおりることは、引力の法則が個人に関係なくいつも働いているのですから非論理的なのです。二に二をたせば五になるというのは非論理的です。自然の法則に反することをやるのは、すなわち万物が変えることのできない神の規則、ものごとのあるべきあり方を犯すということは、愚かなことであります。

決断の欠除から何が起こるか

かつて一人の男が私に「私はどうしてよいか、また何がもっともなことで合理的なのかわかりません。それで決断ができないのです」と申しました。私は彼がすでに決断してしまっているということを彼に説明いたしました。彼は決定しないことを決めてしまったのでした。それは、大衆の心からくるものをとろうと彼が決断してしまったことを意味しているのでした。私どもすべてはそれに深くはまり込んでいるのです。また決定しないと決断すれば、彼が自分自身の心を支配することを拒絶しているので、行き当たりばったりの心が彼に代わって決定することになるのです。

彼は、彼自身の考え方をもち、推理推論をしないのは愚かだと悟り始めました。彼は今まで彼に代わって決断するように平均の法則や多数の仲間の考え方を許しておいたのでした。しかし彼は態度を逆転させ、断固として主張しました。

> 私は私の力と私の能力と私自身の頭脳的、精神的過程の完全なことを信じます。そして「もし私が神ならば、どういう決定をなすだろうか」と私は自分に質問いたします。私は自分の動機が正しいことを知っております。だから私の願望は正しいことをするはずです。私の決定は、すべて広大無辺な英知が私によってあらゆる決断をくだしているという事実に根底を置いているのです。だから正しい行為であるに違いないのです。

この祈りに従ってこの人はすべての商売を専門的にしました。そして家族の決断を下しました。そうした結果彼は輝かしいすばらしい生活を送りつつあるのです。彼は健康もずっとよくなり能率も高まり、今までよりも更に多くの愛と理解とを得て、あらゆる面で繁栄しております。

広大無辺な力はあなたの決心をすべて後援する

広大無辺な力はあなたの決心をすべて後援します。あなたは自己を意識する人間です。ですから決定する能力を持っているのです。あなたに代わって他人に決めさせたり、「私に代わって神様に決定してもらいましょう」ということはまちがっております。あなたがそう時は、あなたの外部にある神を意味しているのです。神すなわち無限の英知があなたに代わって働く唯一の方法は、あなたを通してであります。普遍的なものが個人的な水準に従って行動するためには、個人にならなければなりません。

あなたは選択するためにここにいるのです。あなたは意志の力と進取の気象とをもっております。だからあなたは人間なのです。あなたの神格と責任とを受け入れなさい。そして独りで決定をくだしなさい。他人には一番良いことがわからないのです。独りで決定することを拒む時、実際にあなたはあなたの神格を拒否しているのです。そしてあなたは奴隷や下っぱの弱点や劣等感の見地からものを考えているのです。

●自分の決心で立ち直った酒飲み

常習アルコール中毒者が次のようなことを私に話してくれました。彼はかつて一人の男にこめかみに銃をつきつけられ、もし自分の前でウイスキーを飲んだら頭を打ち抜くぞと言われました。しかし彼は「私は飲まずにいられませんでした。やめることができなかったのです。やもたてもならなかったのでした。彼が私に発砲してもしなくてもかまわなかったのです」と言ってました。

このことは潜在意識の力はすべて彼の決断力の背後にあるということをあなたに指摘してくれるはずです。彼は実際には彼の決定に従って経験したのでした。その後彼はこの決心を逆転いたしました。そして私の提案で約十分間厳粛に次のように肯定いたしました。

> 私は心の中でしっかりした結論に到達いたしました。私の決定はこのいまわしいアルコール中毒から抜け出すということです。この決心を助けてくださる広大無辺な力によって、私は完全にアルコールとは縁が切れます。それで今私は神に感謝を捧げるのです。

この男性は五年以上もアルコール飲料にはいっさい触れておりません。そして完全に彼の悪習慣はなくなりました。彼は広大無辺な意識を信じる新しい人間になっています……心を新たにすることによって、造りかえられ、何が神の御旨であるか、何が善であって、神に喜ばれ、かつ全きことであるかをわきまえ知るべきである（ローマ人への手紙第十二章二節）。

★要約……最重要要点

1　成功を遂げた人々はすべて共通した顕著な特徴を持っています。それは機敏な決定をくだしてその決心を固執する能力であります。

2　決心する力は人間の主要な素質で、最高の特権であります。それは決して広大無辺な意識に欠けていないのです。

3　かりにあなたが金を持たなくても、心の中で一台の自動車を所有しようとはっきりした確固たる結論に達したならば、そして潜在意識がその自動車を供給することができるし供給してくれるだろうと絶対に潜在意識の力を信じるならば、潜在意識はあなたの知らない方法で自動車が現われるようにしてくれるでしょう。その方法はわれわれの顕在意識（意識する心）によって発見されて現われます。

4　もしあなたが他人に支配され、そして自分に代わって他人に決定してもらっているならば、ただちに独りで決定することを始めなさい。そうすればすべての決心を独りでする習慣がつくでしょう。自分の神性を断言するのに決して遅すぎるということはありません。それは自分で決心をするあなたの能力なのであります。

5　あなたは広大無辺な力によって癒されると決心をすることができるのです。そしてあなたがこの決心をあくまで固執すれば、神のすべての力があなたを助けるでしょう。あなたの決断に一致して治癒がなされるのです。

6　正しい答えを得るために、静かにすわり、広大無辺な静寂と冷静に、あなた自身が完全に深くはまり込んでいることを感じなさい。あなたの中にある広大無辺な力にあなたのすべての注意の焦点を合わせなさい。必ず水晶のようによくすきとおった答えがあなたの心にはいってくるでしょう。そして答えはいつも正しいのです。それはトーストがトースターからぽんと飛び出るようにあなたの心の中にはいってきます。

7　正しい決定の祈りは、無限の英知があなたの要求に答えるという事実に基礎づけられています。無限の英知は、あなたが知らねばならぬものをあなたに啓示し、いまやその正しい決定はあなたのものだということを知りなさい。

8　論理的な決心は筋が通っていて確実で、確かな根拠があり、その上に心の法則すなわち宇宙の広大無辺な原理に根底づけられているのです。悪いことを考えて幸運や健康や幸福を期待するのは不合理であります。

9　どのような窮地にも必ず解決があります。広大無辺な英知には常にどの問題に対しても全部答えがあります。困ったり妨げられたりした時には解決があるということをすぐその場で決心しなさい。そうすればあなたの潜在意識は、答えを得るように広大無辺な心によって導かれるでしょう。それだけが正しい答えを知っているのです。

10　広大無辺な心というあなたの神性を受け入れ、そして今健康で幸福で成功を遂げ栄える決心をなさい。あなたが決めた時、それがあなたになされるのです。

11　あなたの広大無辺な心の法則はひいきをしません。あなたの心を聡明に、思慮深く建設的に用いなさい。

12 「私には決められません」というならば、あなたは決定しないと決心してしまっているのです。それは愚かなことで、どんな意味もありません。あなたは実際には「私は行き当たりばったりの大衆の心に私に代わって決定してもらおうとしているのです」と言っているのです。広大無辺な英知の立場から決定しなさい。もしあなたの動機が正しければ、あなたの行為は正しくなるでしょう。今独りで決心しなさい。

13 広大無辺な力は善くも悪くもすべてあなたの決心の背後にあるのです。神すなわち広大無辺な力があなたの生活の中で行動するためには、あなたの考えとあなたが心に描いた像を通して行動しなければならないのです。万能の力が特別に行動するためには、それは特殊な個体にならなければなりません。だからあなたは個人なのです。それはあなたが今ここで賢明に選択するならば、そうありたい、そうしたいと思う意志と先手を打って自由と生活上のすべての祝福をうることを意味しているのです。

14 あなたは心の中にはっきりした決断をくだすこと、また広大無辺なすべての力があなたの決断を助けることを知ることによって、いかなる破壊的な習慣からものがれることができます。これがあなたの自由であり、あなたの公民権です。そして心の喜ばしい天国へ行くあなたの旅券なのです。

第九章　広大無辺な力はあなたの友人

あなたは、一個の人間としては宇宙を創造した広大無辺な力を支配する誤りのない力を持っているのです。それは、個人的な心、遍在的な潜在意識をも含めていろいろの名前で呼ばれております。そして他の多くのものと同じように絶大な力であります。この広大無辺な力はいつもあなたのいうとおりになります。そしてあなたの命令や信念に服従いたします。それはあなたの従順な召使です。だからあなたに役だつこととあなたの指図のみ待っているのです。

あなたの潜在意識はあなたの最も強力な友人であります。それはあなたがグッスリ眠っている間はあなたを守っています。そしてあなたのすべての生活作用を支配しているのです。それは決して眠りません。そして絶えずあなたの習慣的になっている考えを形や機能や経験またはでき事に再現しているのです。一度それを指導するコツを覚えれば、それがあなたの病気の体を治し、軽い財布にお金をいっぱいにしてくれたり、うまくいかない人間関係をよくしてくれることにあなたはお気づきになりましょう。

広大無辺な力で瀕死の息子を癒した

ヒルダ・ハッチャー夫人からきた次の手紙には、自分の息子が健康になるという信念を潜在意識に浸み込ませることに成功すれば祈りがききとげられるということを、一人の婦人がどんなに心をこめて信じたかが書き表わされています。神は法則によって働く。そしてその法則はまた彼女自身の潜在意識の法則である。なおその上にそれが彼女の信じるように彼女になされるのだということを彼女は知っていたのでした。

親愛なるマーフィー博士、適当に修正や変更をなすって、私の手紙の一部分でも全部でもお使いくださってよろしゅうございます。

数年前私の一番末の息子チャールズは小児麻痺にかかって医師たちに見離されてしまいました。その決定を私は受け入れまいと思いました。というのは神の治癒力が私の息子を癒すだろうと私にはわかっていたからです。そしてチャールズは生きるのだと私は命じました。私が信じてこれを肯定したとき、遅かれ早かれその考えが私の潜在意識の中に沈み込んでいって奇跡が起こるだろうと私は知っていました。

十七日ほどたって医師は、希望はないし、かりにチャールズが生きながらえたとしても生涯車椅子の生活になるだろうし、頭脳も冒されているだろうと私に話しました。私はその診断を受けつけませんでした。そして「チャールズは神の生命と共に生きていることを私は知っている」と断定し続けました。

彼は鉄の肺に入れられました。私は詩篇第九十一篇と二十三篇を吟唱し続け、潜在意識は私の信仰に必ず答えてくれると知っていたので「チャールズは神の生命と共に生きている」と繰り返しました。

ある夜祈っております間に、私は半ば昏睡状態におち入りました。そして息子がいきいきとして楽しそうに精力に満ちて裏庭を走り回っているのを「見たのでした」。それは現実的で非常にいきいきとしておりました。その翌日医者が「ハッチャー夫人、奇跡が夜の間に起こりました。チャールズが昏睡から醒めました。熱も下りました。そしてあなたを呼んでいますよ」と私に申しました。

チャールズは、恢復を完全にするために、小児科病院に移されました。そこで来る日も来る日も治療を受けました。そうして私は家庭での看護の仕方を教えられました。六週間後に、彼は歩いて私の家にはいってきました。一年後に家庭で仕事をしている間に、私は裏庭で走ったり跳んだり笑ったりしている幼い者たちの声を聞きました。チャールズが一年前に私の幻の中で私が見たのとちょうど同じ姿でそこにいたのでした。彼は神の生命で活気に満ちて生きているのです。私どもが信じるように私どもにそれがなされたことを私は知っています。祝福を捧げます。

カリフォルニア州ロサンゼルス
ヒルダ・ハッチャー夫人

この手紙は要約してありますが、重要な点はすべて引用しておきました。この手紙は心の中にある彼女の忠実な友達であり、彼女の息子の体を造ったものでもある潜在意識は、広大無辺な力で息子を癒すことができると知っていて、最後まで忍耐した一人の母親の信仰の力をはっきり証明しております。聖書に書いてあります……「行け、あなたの（広大無辺な力を）信じたとおりになるように」（マタイによる福音書第八章十三節）。

広大無辺な力を使用した教育者

あなたの広大無辺な力は、台所の蛇口が直ぐに水を出してくれるのと同じ方法で、あなたの役にたとうと用意して待っているのです。カリフォルニアの一教育者からきた次の手紙は、あなたがじゅうぶんに心からしたいと望み、できると信じるならば、あなたが広大無辺な力を聡明に思慮分別のあるように建設的に用いるならば、人間関係のどんな障害物でも克服できるということをハッキリと指摘しております。

親愛なるマーフィー博士

私たちが職業上接触する人々の中に敬虔さを見ることはなかなかむずかしいものです。数年前私が中西部の大学都市の学校の新任監督官になった時、そういうふうに感じたのでした。委員会の一委員が私の生活の破滅の原因でした。

私は二週間目ごとに委員会の五人の委員たちと会合していました。そして郡の長官とは、長官の要求に応じて、おりおりの郡の他の学校の校長たちといっしょに会合したのでした。

その郡の長官がその地位に私を任命した時私はそこにいることが長すぎてはならない「少なくとも自分の足を泥まみれにするほど長すぎないように」と私に申しました。その地域には二つのタイプの校長がいるということも私は聞かされていました。郡の長官の方針に従ってそのもとで働く専門家タイプと偶然長官と協力することになった教育委員タイプの二つです。私は百パーセント専門家になろうと決心いたしました。

　私がその地位を引き受けてから間もなく、どうも主としてわき道にそれない私の専門家的な態度からららしいのですが、深い敵意の感情が私とその教育委員との間に徐々に現われてきました。私がおりおりその教育委員から受けた個人的な指図には拠らないで郡の長官の提案とその州の学校法則の指令に従ってものごとを運営いたしましたので、烈しい憎悪はだんだんに深くなっていきました。彼はほんとうに私を困らせてやろうと思っていました。

　この紳士は、他の二人の教育委員の投票を左右することもできましたので私の職業上の評判さえ危くなってきました。私は興奮してきました。一般にいって、熱しやすい教育者は長続きせずに何か別の仕事にやむをえず変わるものです。教科書や学用品を売っていた人の中にたくさんそういった人たちがありました。

　私は虎の尾を握っているような感じでした。私はそれまでのように仕事を続けることができませんでしたし、大目にみることもできませんでした。何か手を打たねばなりませんでした。

　私は宗教と深いかかわりがありましたので（私は日曜学校校長と同時に教会の評議委員会の委員でした）、この仕事のために大いに祈りました。私は率直に自分にも相手にも善いことを見ることができませんでした。

　最後に私は、その人に実際何か良いとこがあるに違いないと決めました。彼が深く自分の子供たちを愛していることには、確かに神のような態度があることに気がつきました。その角度から徐々に働きかけて、私自身にも二人の子供がおりましたから、彼の仕事場をしばしば訪れて助言を求めました。

その過程は緩慢なものでした。しかし数ヵ月が過ぎると相互の好感がしだいに増してきました。

契約を更新する時期がきた時、私は止まるように寛大な昇給を申し出されました。郡の長官は目を見はるような推薦状を書いてくれました。私は教育委員会の申し出に対して感謝いたしましたが、カリフォルニアに移るため辞退いたしました。

私どもは最上の善意で仕事の関係を絶ちました。　　草々

カリフォルニア州　サン・ゲブルエル
ウイリアム・H・スロル

これは広大無辺な力と烈しい敵意や苦しみ、憎悪を消し去る愛を表わしたすばらしい実例であります。

広大無辺な協力者の助けで二十五万ドル貯蓄した話

この章を書いている時、一人の男が私を訪ねてきて申しました。「あなたの『眠りながら成功する』という著書を読み深い印象を受けました。私の潜在意識は無限の英知、無限の力

と同延であることを了解しております。それはすべてのものを知っている広大無辺な力の一部分だということを了解しています。

私はある商業上の取引を調査しておりました。その取引は外見は正しく公明正大に見えるのですが、あなたの著書に提案されていますように昨晩私は眠る時、朝はっきりわかるような答えを示してくれるようにと潜在意識に頼みました。そして朝目がさめてみると、私は何かしら何もかもがおかしいと感じるのです。明らかに何がへんなのか指摘することはできないのですが『だめ』という私自身の良心の命令が絶えず聞こえてくるのです」。

彼はその時それについて、私の考えをたずねました。申し込まれている企画に対する彼の投資総額は二十五万ドルになろうとしていますので、疑いもなく彼の潜在意識は財政上の災難から彼を保護しようと努めているのだ、と私は答えました。投資しないでむしろその企画全体と関係を絶つことを私は示唆しました。そこで彼は私の言ったとおりに実行しました。

彼からその商取引についての結末を聞くまで私はこの章に空白を残して置きました。最近彼からの電話で、彼が雇っていた私立探偵が更に調査したところ、彼の商業上の提携者になろうとした人たちは表面は正しく見せようとあらゆることを整えてはいるが、その企画全体はとほうもないインチキである、専門の詐欺師たちだったということを知りました。彼の広大無辺な「協力者」は二十五万ドルを彼のために安全に守ってくれました。

あなたは答えを期待することと、あなたが引き受けたあらゆることに神の正しい行為があるという信仰とを持つことを学ばねばなりません。毎日曜私の公開公演を聞いて去ってゆくたくさんの人々は大体において私に「望んでいた答えを今朝私は得ました」と申します。その人たちはなぜ得たのでしょうか。その人たちは答えを求めました。そして彼らの潜在意識がそれに応じて広大無辺な知恵となって答えることを信じ、答えを得るために正しい時間に正しい場所にいたからでした。彼らの心にある問題を解決するのは、必ず私が講演の間に言ったことであります。

夢の助けで命を救われた

あなたは顕在意識（意識する心）では夢を見ません。夢を見る時にはあなたの顕在意識は眠ったまま潜在意識に結ばれてものを産み出す働きをします。睡眠中に、潜在意識はその内容を脚色し、たくさんの象徴的な心の像や思いがけない状況を表わすことができます。

夢はあなたのより深い心のテレビの画像なのです。正夢をも含めてあらゆる種類の夢があります。そしてその夢の中で、あなたは、自分や他の人々に当てはまる事件を客観的に起こる前に見るのです。夢はあなたの願望の成就を表わすかもしれませんし、悲劇を避ける警告となるかもしれないのです。

次の手紙はあなたの潜在意識すなわち広大無辺な協力者がどんなふうにあなたを保護しようと努めるかということを説明しています。

親愛なるマーフィー博士、最近、私はあなたの著書『あなたも金持になれる』（*Your*

Infinite Power to be Rich）を読みました。私が思いますのに、それはこの種の本としては最もすぐれた全くすばらしいものです。

　私の潜在意識がどんなふうに私の生命を救ってくれたかを、お話したいと思います。二、三ヵ月前に飛行機で旅をする予定をいたしました。出発の前夜私は夢の中で乗客全員の死亡を伝える飛行機の惨事を書いた新聞の見出しを読みました。

　私は目が醒めてから恐怖と予感でいっぱいになってしまいました。妻が私を見つめているのがわかりました。そして「あなたは私と同じ夢を見たのじゃありませんか」と彼女は言うのでした。そしたらどうでしょう。聞いてみると私が見たのと同じ夢をしかも詳細にわたって正確に同じ夢を彼女は私に告げました。私はその旅行を取りやめました。すると私の乗るはずの飛行機はほんとうに墜落し、夢ではっきり見たとおりに乗客全員が死んだのでした。

　ほんとうにあなたが別の著書『眠りながら成功する』の中にお書きになったことは真実であります……主なる私は（あなたの潜在意識）幻をもって、これに私を知らせ、また夢をもってこれを語るであろう（民数記第十二章六節）。

潜在意識の本能

　昆虫には人間の想像をたじろがせる知能があります。昆虫の内部には保護する本能と世話する英知とがあって、自分の種族を次々に生み、それを保存するように努めるのであります。

潜在意識の本能の作用

無限の英知は自然のすべてに充満しています。たとえば低い原子にも英知があります。なぜなら水の分子を創るために酸素の一原子は水素の二原子と結合するのですから。自然のすべての形態には生命や英知や力があるのです。この潜在意識の英知は作用するものの性質に従って本能的に自動的に機械的にまた数学的に働くのであります。

自己を意識する以前の数万年前以来の人類の長い歴史の中で、人間は多くの経験を積んできました。その経験のすべては潜在意識の記憶板に記録され私たちすべての中に本能として動いているのです。たとえば、有毒なコブラを見たことはなくても、万一あなたがジャングルの中でコブラを見れば、その蛇が死に至らす毒歯をもった毒蛇だという本能的記憶があなたの潜在意識の中に記録されておりますので、あなたはすぐに後ずさりするのです。

人間の全経験に信仰、恐怖、意見そして確信を加えて「民族信仰」と呼びます。その中には極端に否定的なものもたくさんありますが、よいものもあるのです。

広大無辺な心の習慣のつけ方、答え方

あなたは「民族信仰」から自分自身を絶縁させることを今、選ぶことができます。それによってあなた自身を民族の心の経験から解放しうるのです。習慣というものはある考えや行為が何度も何度も繰り返すことによって潜在意識に永久に印象づけられ、潜在意識の反動として形作られます。その時顕在意識が自動的に答えるのです。これはおりおり第二の天性と

呼ばれます。しかしそれは万人に通じる広大な普遍的な行動と反動の原理を意味しているにすぎないのです。行動はあなたの考えであり、反動はあなたの考えの性質によって答える潜在意識なのであります。習慣として行為するあなたの潜在意識は偉大な従僕であります。

自動車を運転したりタイプライターを打ったりピアノを弾いたりあるいは散歩したりまた話したりすることをあなたは自分の心に教えます。運転の仕方を練習し学んだ後で、自動車に乗ってあなたがどこに行きたいかを決めます。するとあなたの従順な召使が世話をして、あなたはそこに運転して行くように徐々に自分の潜在意識の調子を整えるのです。私たちのオルガン演奏者であるベラ・ラドクリフ夫人は目隠しをしてすばらしい音楽を演奏することができます。その演奏を活動的にするのは彼女の潜在意識であって顕在意識ではないのです。同じようにたいへんな速度で手紙をタイプすることも、抽象的な考えに耽けることもできますし、また故意にしようとしなくてもものわかりよく話すことができるのです。

これはすべての人々の中にある無限の英知です。それはあなたに外観は隠されている知識を啓示し、生活の諸問題について知る必要のあることを語ってくれるのです。それはすべてを見、すべてを知っているのです。あなたは自分の潜在意識に質問することができます。そうすれば心の底から湧き出る考えとして、それはあなたに答えるでしょう。

広大無辺な心からすみやかな指導を得る法

次の手紙は私の毎日のラジオ番組の聴取者からのものです。

親愛なるマーフィー博士、妻と私は重大な決断を下さねばなりませんでした。私どもは全く私たちの裏をかいた問題と直面していることがわかりました。三人の弁護士から三人三様の忠告を受けました。その上牧師から受けた忠告は完全に不満足なもので私どもは失敗してしまったのでした。

その時妻は「指導を求めましょう」と言いました。私はラジオのスイッチを入れたいという気がひどくしたのでした。その時あなたが神の導きについてお話しになっているのを聞きました。静粛にして十五分間の放送を聞きました。「無限の英知はすべての面であなたを導き、あなたの意識的な道理にかなった心にはいってくる答えをあなたに示します。そうすればあなたがそれを見失うことはありえないのです。無限の英知だけがその答えを知っているのです。それはあなたが知っているということを知っているからなのです。太陽が明日の朝も昇るということを信じるのと同じやり方で、その答えがあなたのものであり、あなたにはすべての力が与えられていることを信じなさい」と言ってあなたは放送を終わられました。

私たちの問題に対する答えが思いがけなくやってきたことを、あなたに知っていただきたいのです。それは完全な解決であることがわかりました。その答えを与えてくれた古い友人に会いたいという考えが妻の心の中に自然に湧いてきたのでした。そして私どもの問題が解決したのです。昨日の朝の放送であなたが雄弁に述べられた神の導きの原理というものは実際にあるのです。

草々

J・H

答えを期待せよ

答えがどういうふうにあなたにやって来るかをこの手紙は実地に証明しております。しばしば潜在意識は答えを発見するために本を調べさせたり、また正しい答えを得ようと正しい瞬間にラジオのスイッチを入れさせたりいたします。また講演に招かれて行って答えを得るかもしれません。

あなたの召使(潜在意識)は常にあなたを助け、方向を示し、案内しているのです。その暗示、強い衝動、刺激そして願望は常に生命の方向にあるのです。

★要約……記憶する事項

1 あなたは、宇宙を創造した広大無辺な力を導く力を持っているのです。あなたが愛している時はあなたの中にある無限の愛の一部を使用しているのです。潜在意識はあなたの命令や信じ方に服従します。

2 潜在意識はあなたの信じ方の程度に応じた答えをします。母親は、心をこめて鉄の肺にはいっていた息子が助かると信じました。すると彼女の祈りは答えられ、医師たちはそれを奇跡と呼んだのでした。

3 他人との関係が緊迫した場合は調和と平和と愛をそして他人には善意を撒きちらし

なさい。そうすれば調和的関係を作ってくれる広大無辺な潜在意識の威厳と英知を活動的に働かすことになるのです。

4　潜在意識にガイダンスを求める時、しばしばそれは内部にある感じとしてあなたの特別な状況や企画がどこか誤っていることを知らせます。「それに触れるな」と言っているのは、内部の黙っている存在なのです。

5　潜在意識は時々夢で切迫した危険を警告し悲劇を避けさせることができます。だから聖書に書いてあります。……主なる私は（潜在意識の法則）幻をもって、これに私を知らせ、また夢をもって、これに語るであろう（民数記第十二章六節）。

6　自然のあらゆる形態には、命、英知、力が存在します。潜在意識の英知は本能的に自動的に、機械的にまた数学的に自然のすべての形態や動物に働いています。人間は自分の考えを選びそして想像を導くことができるように、自分自身の生命をも指導することができるのです。

7　黎明期以来全民族の記憶と経験は潜在意識の記憶板に消すことのできないように刻みつけられています。これが「本能」と言われるのです。本能はあらゆる信念や恐れや意見または人間性といういっしょになって「民族心」と呼ばれるのです。

8　潜在意識は習慣の座席です。習慣は一つの考えの型や行為を潜在意識がその型を同化しそれから自動的な答えが生まれるまで何度も何度も繰り返すことによって形作られるのです。あなたの考えは行為であり、あなたの潜在意識はあなたの考え方の性質どおりに答えるのです。あなたの質問に対する答えはいろいろの方法で与えられます。

9　あなたの潜在意識という協力者は、答えを見つけるために特別の本にあなたを導くかもしれませんし、ラジオのダイヤルをまわさせてあなたの問題に答える放送を聞くようにしむけるかもしれません。潜在意識があなたに答えるということを、太陽が明日の朝も昇るのを信じるのと同じように信じなさい。そうすればあなたの信じたとおりにそれ（あなたの心の考え）があなたになされるのです。

第十章　健康な心構え

聖書にはこう書いてあります。私は山に向かって目をあげる。わが助けは、どこから来るであろうか（詩篇第百二十一篇一節）。

あなたのビジョンは必ず完全な健康や調和や心の平和に向かって導かれると確信いたします。いつも精神的な画像に誠実であれば、それは潜在意識に現像されてあなたの経験として現われてくるのです。

この章を読みながら自問してみなさい。「どこに私のビジョンがあるのか」と。その答えはあなたがちょうど今頭で焦点を合わせている物の中にあるのです。言い換えれば、あなたの考えや感じまたは心に描く像の中にあるので、あなたが注意を向けているものなのです。あなたのビジョンのある所にあなたは行きます。なぜならば注意というものは生活の鍵だからです。

詩篇の作者は神は私の足をめじかの足のようにされ、私を高い所に安全に立たせ（詩篇第十八篇二十三節）と言っております。このことばの中には偉大な心理的な秘訣があり、それが真実のビジョンという高い場所への登り方を私たち全員に教えるのです。雌鹿は歩行する際の足の運び方が実に確実なことで世界中に有名であります。それは雌鹿の後足と前足との均整が完全だからです。雌鹿は後足を前足でふまえた跡に正確につけますから、どんなに高い山でも登ることができるのです。このことは、精神と心は完全に健康や富や安全を求めるために一致協力せねばならぬということをわれわれに教えてくれます。われわれの口から出ることばと心の中の感じ方とが一致する時、私どもに不可能なものは何もありません。どんな高地へも登れるのです。

健康や富や幸福を得るには

優秀な技師であるフレデリック・レーネッケ氏が次のような手紙をよこしました。

親愛なるマーフィー博士、私は過去十年間に別人のように変わってしまいました。それ以前は絶えず風邪を引き、毎冬インフルエンザにかかったものでした。そしてあらゆる種類の風邪薬を用いました。その上にしばしば痔核や胃潰瘍や背骨の痛みに悩みました。今ではこれらすべてが圧迫、心身の過労、抑えつけられている激怒や憤慨によるものだと私にはわかっています。

私はかれこれ十年前にあなたの講演を聞き始めました。そして自分の心の法則を学び、私が自分に対してしていることがはっきりわかったのでした。完全な健康や仕事の調和それにあらゆる事柄に現われる神の正しい行為に自分の注意の焦点を合わせ始めました。私自身が否定的な考えをいだくことを大目に見て、私をいらいらさせる親戚の者たちやその他あらゆる人たちを心で許して考えないようにしようと決めました。そしてこの祈りをときどき用いました。

私は、すべて善きものは自分のものだという光の中を歩き、いつも平和で落ちついて静かに澄んだ心でいられます。私の生活のすべての面に豊かに神が表わされています。絶えず自分と他人のために、健康、繁栄それに生活のあらゆる祝福を幻に描いて見るのです。

完全な健康体になってからすでにもう十年になります。そして財産がどんどん殖えてきて私の生活上の不足している面を満たしてくれます。心からあなたに感謝申し上げます。

カリフォルニア州　サン・ヴァレー

フエブロ株式会社社長　フレデリック・レーネッケ

フレデリック・レーネッケを私はよく知っています。そして彼が、広大無辺な力に関するビジョンと注意をより善い生活という太陽のような光に向けることによってたくさんの困難と挑戦を征服したことを私は知っております。彼自身のことばを使用しますと「昔のレーネッケは死に、新しいレーネッケが神と提携して誕生したのでした」。レーネッケ氏の高いビジョンは彼に健康、財宝そして幸福といった配当をもたらしたのでした。

広大無辺な力が人命救助を思いつく

ロサール・フォン・ブレンクシュミット博士が次のような手紙をくれました。

親愛なるマーフィー博士、あなたの最近の著書『あなたも金持になれる』（この本は貴書の中でもきわだった作品だと思います）を読んだ後で、しばらく前に私に起こったことをあなたに申し上げたく思います。

ご存じのように人々が出口をまちがったために起きる高速道路の事故数は全くたいへんなものです。しばしばその問題に注意の焦点を合わせ、人々の命を救助できるような解決を心の中に描いていました。ところがある朝目が醒めた時、あるアイデアが無意識的に私の顕在意識の中にポンとはいってまいりました。この考案は、まちがった方向から高速道路の湾曲した傾斜道路にはいってくる自動車を停止して無数の人命を救うというものです。

こわれるままに、私は自分が働いている会社に私の発明を持ち出しました。しばらく調べた後で、その考案はどうも実行不可能だという報告を受けました。しかし私は合法的な販売の許可をとりました。同僚も技師も物理学者もみんな、その考えを笑って時間と努力とお金の浪費にすぎない、失敗するに決っていると考えたのでした。

一九六六年四月二十四日に私は特許を申請しました。すると一九六六年八月九日に合州国特許局から番号三二六六〇一三、名称は「高速道路安全考案」として専売特許権が許可されました。私の主張はすべて受け入れられ、変更をされることもなく、召喚されるような違反もありませんでした。たくさんの会社が今や便乗して「あなたには何かすばらしいものがあるとわれわれはいつも感じていた」と申します。

私は空想に土台をそえたのでした。私には無数の人命を肉体的、精神的破壊から救助しようというビジョンがありました。信仰と自信をもってビジョンの実現を楽しみにして待っていたところ、私の潜在意識が答えを与えてくれたのでした。あなたの今度の著書にこの手紙を公開してもよろしゅうございます。

草々

ロサール・フォン・ブレンクシュミット

最近宇宙研究に取り組んでいる研究技師で物理学者であるシュミット博士は心の法則に関する造詣深い研究家であります。彼はその手紙の中で生き生きと明瞭に一つのものだけを見たことを指摘しています。つまり彼は目標、勝利の実現に至る広々とした道のみを見ていたのです。彼のビジョンは、ほんとうにすべての物に対する健康な心構えによるものでした。

広大無辺な力が身障者を癒した

一九六六年十一月にルイジアナ州、ニューオーリンズのニューオーリンズ・ユニテイ協会で私の最近の著書『あなたも金持になれる』（この章の初めのほうに言及してあります）について一連の講演をしました。その時出席していた一人の男性が、次のように私に話しました。彼は数ヵ月前には関節炎のため足が悪く膝をまげることができなかったということでした。ある夜、強盗がはいってきて彼の頭に銃をつきつけて「カウンターの後に膝まづけ」と申しました。「できないんだよ。関節炎で身障害だから」と彼は答えました。強盗が「十秒待つから膝まづけ、さもないとおまえを殺すぞ」と申しました。ところが奇跡が起こったのです。彼の言うには、「私の膝が楽に曲ったのです。徐々に非常に良くなってきました。カルシウムの堆積物がみんな消滅してしまって関節がしなやかになって動かすのも元のように楽になってきました。あなたはそれをどう説明なさいますか」と。これは良い質問です。

そこに必然的結果として伴う治癒の原理があって、もし彼がその原理を理解してそれを適用していたら、強盗に襲われる前に治っていたのだと私は説明をいたしました。ピストルを突きつけられて障害の膝を曲げたとき、膝を曲げる力が、歩く力がまた走る力が、たとえ彼は信じていなかったとしても、常に彼の内部に現われていたということは理屈に合うのです。広大無辺な力は常に使えるのですが、人間の恐怖や誤った信仰や違法の観念が人間を束縛してしまいます。

この場合は、ピストルが癒す力を持っていないことは余りにも明らかなので、彼の内部にある広大無辺な力によって彼は治癒されたのでした。彼の言うのには数年間彼は足が悪く膝を曲げることができなかったのでした。そして彼のすべての注意もビジョンも苦しみ、痛み、限界そして肉体的欠陥に集中されていたのでした。突然に彼の注意が彼からもまた彼の病気からも取り去られてしまったため、彼のビジョンが生命の第一の法則である自己保存に従ってどんな犠牲を払っても彼の生命を救おうと命令したのでした。直ちに彼はそれに似ないものすべてを無効にし、消散させる、その不思議な治癒力を放出したのでした。

自分の病気の兆候を述べたて、完全に不快な病的気分に没頭することをやめなさい。さもないと、事態がいっそう悪くなります。人生のねらいをそらしてあなたの視界を高めなさい。あなたのビジョンが完全な健康と生命力に向けられるようにしなさい。そうすると瞬間にあなたの広大無辺な力が放出し始めます。目をあげて高いビジョンをいつも持っているように自分自身を訓練しなさい。善きものの美をほめ歌いなさい。そして絶えず仰ぎ続けなさい。

信仰と愛の奇跡

ミネアポリスで一週間にわたって毎晩牧師監督者ヴアモン・A・シイールズ博士の運営しているデバイン・サイエンス教会で「人生に勝利する」について講演をしました。私はその教区のある人に話しかけました。その人は約六ヵ月前に冠状動脈血栓症にかかり街路で倒れてしまったと話しておりました。救急車が来て彼は病院に運ばれ、応急手当を受けました。しかし医者は助かる希望はなさそうです、たぶん二、三時間以上は命はもたないでしょうと彼に率直に話しました。これを聞いた時その男は医者に「私は生きようとしています。二人の息子には私が必要なのです。死のうとは思いません。私は生きねばならないのです。することが非常にたくさんあります。私は子供たちを愛しておりますし子供たちも私を必要としています」と言いました。「するとあたかも精神的な輸血かなにかを受けたように感じ、入院して十日目の終わりには正常な心臓になっていることが心電図でわかったのです。否定的な医師の予後をはねつけて神の治癒力と手を組んだので私は快復したのでした」と彼は続けて申しました。

この人は建設的なビジョンを持っていて、それを持ちこたえたのです。子供たちに対する彼の心の中のビジョンと愛情は神の広大無辺な力を放出させて彼の全身を変え、再び丈夫に完全にしたのでした。神の信仰と子供たちへの愛情が彼の内部に湧き出し、それに続いて治癒という奇跡が起こったのでした。

母親の健全なビジョンが息子に奇跡を起こした

次に示すのはベティ・レーネッケ夫人の手紙です。

親愛なるマーフィー博士、私の息子のフレデリックはたえず親戚の批判のもとでした。それで彼はみんなから拒否され、望まれていない、自分がいることをだれも喜んでいないと感じ不安定な気持になっていました。ときどき意気消沈して反抗的になるのです。そこで私は、息子がこうあってほしいと思う空想の姿を心の中で描き始めたのです。すなわち愉快で、しあわせで、のびのびとした息子をです。毎朝毎晩身も心もくつろぎ、目を閉じて、フレッドが「おかあさん、ぼく、しあわせだよ。それにとても平和なんだ。すばらしいと感じるよ。それに学校でもとてもいい点がもらえそうだよ」と私に言っているのを心に描くことを習慣にいたしました。

しばしばあなたが示唆しましたように、心の中に私自身の愉快な心の映画を作り、遅かれ早かれ私が想像し、主観的に感じたことをフレッドが実際におこなってくれるだろうと感じたのでした。

このような精神的過程を経た後間もなく、息子のフレッドはあなたの講演に出席する決心をいたしました。また学校で更に良い成績をあげることを想像し始め、今まで自分が親類たちに対する否定的な恨みがましい考えを抱いたことを許してその人たち全部に愛と善意を注ぎました。

考えと心に描く像の向きを変え始めてからというもの、息子の生活は奇跡的に一変いたしました。楽しげで伸び伸びとして障害や挑戦に出会っても、それに打ち勝つまで生き生きとがんばりぬくようになりました。私は、ときどき息子が以前私が心の中で想像していたのとまったく同じことを実際にやっているのを認めました。

彼は今は報道機関のスペシャリストとしてタイにおります。そしてりっぱに誇らしく祖国に奉仕しています。数年間あなたのラジオの放送を聞いて、息子は非常に利益を得ています。今日彼は自分の深い信頼に答える神の力をじゅうぶんに信じています。それはすばらしいことです。ありがとう。

ベティ・レーネッケ

新しい自信をもって立ちあがろう

使徒行伝の第三章には、美しい宮殿の門の所にいた足が悪い男のすばらしい話があります。ペテロとヨハネがその男に申しました……ペテロとヨハネとは彼をじっと見て、「私たちを見なさい」と言った。彼は何かもらえるのだろうと期待して、ふたりに注目しているとペテロが言った、「私には金銀はない。しかし、私にあるものをあげよう。ナザレ人イエス・キリストの名によって歩きなさい」。こう言って彼の右手を取って起こしてやると、足と、くるぶしとが、立ちどころに強くなって、躍りあがって立ち、歩き出した。そして、歩き回ったり踊ったりして神を賛美しながら、彼らと共に宮にはいって行った（四節から八節を参照のこと）。

ペテロは神の信仰を意味し、ヨハネは神すなわち善きものの愛を意味しています。あなたの中にある神の特質と属性を信じ、信頼しなさい。そうして世界中の人々のためにあらゆる生命の祝福を望むという意味で愛しなさい。

あなたの凝視する点を高くあげて自分自身の新しいビジョンを作りなさい。そうすれば神の力が答え、そしてあなたを立ちあがらせ、歩かせ、跳ぶことができるようにしてくれます。そしてあなたは自分の中にあって奇跡を働く広大無辺な力を讃美することができましょう。

★要約……この章の重要点

1　あなたのビジョンを完全な健康、調和そして心の平和に向けるようにしなさい。あなたが今まさに注意を払っているもの、すなわちあなたが心の中で考え、そして想像しているものがあなたのビジョンなのです。

2　心の中で焦点を合わせているものが何か、自分自身にたずねてごらんなさい。あなたの真心こもった注意と献身的愛情とを高貴なものに、すばらしきものに、神のような生命の観念に捧げなさい。

3　祈りから答えを得るためにはあなたの精神と許す心とが完全に協力しなければなりません。否定的な考えを抱いた自分自身を許さねばなりません。そうして、怨恨や憎悪を抱いていた人々全部を精神的に放してしまいなさい。その人たちのために生活のすべての祝福を望みなさい。

4　あなたが聞きたいと切望していることを、あなたの愛する者があなたに話している場面を心に描いてごらんなさい。その喜びをすっかり感じてみなさい。それを生き生きと本物にしてごらんなさい。そうすればあなたが心の中で描いていたことを聞けるという喜びを経験することになるでしょう。

5　他人に役だつすばらしいことをありありと心に描いて熟考するならば、潜在意識はあなたの要求の性質どおりに適宜な考えを与えてくれます。それは予期しない方法で浮かんできます。

6　あなたは空中楼閣を築くことができますが、必ずそれには土台を置いてください。広大無辺な概念をあがめることで、その概念を実行に引き移すことができると知りなさい。信じて安心してあなたの願望が実現することを楽しみに待ちなさい。

7　無限に癒す存在があなたの中にあります。そしてあなたを作りあなたの器官全部を創造した治癒する存在は、あなたを癒すことができると主張し、感じそして知るとき、奇跡を働く力があなたの信仰に従って答えます。この治癒する広大無辺な力は常に有効で、あなたの求めを待っています。そしてそれは答えるのです。

8　あなたのビジョンと注意を完全な健康と生命に集中するようにしなさい。そうすれば治癒する広大無辺な力をあなたは即時放出し始めるでしょう。

9　すべての否定的な予言を拒否し、悪いことを口やかましくいうのをやめ、善なるものの美しさを主張し広大無辺な治癒力と提携しなさい。

10　あなたが聞きたいと熱望していることを愛する者があなたに話していると朝晩心の中に想像することができます。あなたがいつも心の写真に忠実であると、それは潜在意識の暗闇の中で現像されて現われてくるのです。

11　見詰める目の高さをあげて、こうありたいと願うような、あなた自身についての新しいビジョンを得なさい。そうすれば使徒行伝第三章のあの足が悪い男のように、あなたは高められます。そして、歩き、跳び、走り、神を讃美するようになります。あなたは祈りの答えられた喜びを経験するのです。

第十一章　信仰が起こす不思議

信仰とは考え方です。それは建設的な心の態度、すなわち祈っていることは必ず起こると確信する感じ方なのです。聖書をみればわかるように、信仰とは特殊な教義や宗教の信条を信仰せよとは言及していません。むしろあなた各人が学び、適用することのできるあなたの心の法則の信仰に言及しています。

実際に、信じることによってあなたはあらゆることをいたします。あなたは自動車の運転方法をある思考過程と筋肉の動作とを何度も何度も繰り返すことで学ぶのです。しばらくすると自動車を運転することは習慣になります。そうするとあなたの潜在意識から自動的に反射的動作が起こり、それによって意識的な努力は全然しなくても自分が自動車を運転していることがわかるのです。同じ方法で、歩くこと、タイプすること、泳ぐこと、その他のたくさんの活動を覚えるのです。

たとえば、農民は大地に小麦の種子を埋めれば小麦が、豆の種子を植えればちゃんと豆が生長すると信じています。彼は農耕の法則を信じているのです。電気技師は電気は伝導性と絶縁の法則に答えると信じています。そして高電位から低電位に流れることを知っています。エジソンは蓄音機の考案をいたしました。彼は目に見えない考案が必ず実現できることを信じて取りかかったのでした。

考えが行為であることを知る時にあなたは信じるのです。あなたが感じるものに、ひきつけるものにそして想像するものにあなたはなるのです。

だれでもみんな何かを信じる

だれでも何かを信じているということは真実です。無神論者は自然の法則や電気、化学または物理学の原理を信じます。あなたは何を信じますか。すべての善きもの、最高のものを喜んで期待することを、そして広大無辺な力があなたに苦労を切り開く力を与え、道を教えてくれると心に彫みつけて固く信じなさい。あなたが肉体的にも精神的にも完全であるように神の癒す力を固く信じなさい。この信仰が、恐怖、疑惑、苦労の海を無事渡らせ、あらゆる種類の想像上の危険を踏み越えさせてくれるのです。

二万五千ドルの抵当を返済する

私がちょうどこの書物を書いている時、北カロライナからきた一男性とおもしろい話をしました。その人は、信仰と勇気で生活を驚くほど変えてしまったのでした。「『あなたも金持になれる』というあなたの本を読んだ後、神はより高き私自身で、私の中にある生きている霊であることを悟って、神を私の仲間にすることに決めました。この目に見えぬ存在に話かけて私は断言しました。あなたは仲間です。それで私はあなたが案内し、指導し、そしてすべての面で私に助言してくださるようお頼みします。私たちは今はチームを組みました。それで失敗することはありえないです」と彼は申しました。

この若者はひとりで商売をする勇気に欠けていたが、上述のような態度で祈り自分の内部の神聖な存在との結合を肯定した後では、力と自信の新しい大波が彼の内部に湧き立って押し寄せてきたと私に言いました。彼は一軒の飲食店に少額ではありますが頭金を払い、信仰と勇気という不思議な才能で第一年目の終わりまでに二万五千ドルの抵当証書を全部返済してしまいました。彼の親類たちは彼は破算するだろうと言っていたのでしたが、彼は自分をあらゆる角度から見守ってくれている内部の広大無辺な力を信じていたので、どんなものも自分を負かすことができないと深く了解しておりました。

潜在意識、最上の仲間である広大無辺な力が、助言を与え自分を繁栄させてくれるという考えを吸収してしまって実現してくれるまで、その考えを頑固に持ちこたえることが彼の秘訣だったのでした。

願望を実現するためには

あなたの願望、考え、計画あるいは夢はたとえ目には見えなくても真実であると信じる時、あなたの信仰が増加します。その思いつきがほんとうだということを、それがあなたの心の事実だということを明確に知ることはあなたに信念を与え、あなたを混乱や反対、闘争または恐怖から浮びあがらせ、あなた自身の心の底深くにある確信の場に到達させてくれるのであります。

広大無辺な力を信じた劇作家

ミネアポリスでの最近の講演旅行中、ある若い男がホテルへ訪ねてきて彼が書いた劇を私に見せてくれました。一部を読んでみて、それが非常におもしろい魅惑的な劇だと私は思いました。しかし彼は、採用してもらおうと思っていろいろな所へ提出したのですが、どこでも不合格の付箋を貼って戻されました、というのです。そこで大いに悩んで、彼は不合格恐怖症に罹ってしまったとつけくわえました。

そこで私は、彼に態度を変えるよう示唆いたしました。その劇のアイデアは彼の精神から生まれ、彼の手と同じようにほんものだと彼は悟らねばならなかったのでした。そして原稿がなくなったり、破棄されたならば彼は別のものを書くことができるのだということを、すなわちアイデアは種子のようなもので私どもが種子に生命力を与えるのでないということを実感しなければならなかったのでした。種子には自分の力で育っていく方法を自分の内にもっているのです。私どもの行ないはすべて大地にうまっている種子のようなもので、それ自身大きくなっていくことを知っているのです。私どもは種子に撒水し肥料を与えてはやれますが、それを成長させることはできないのです。

彼は、ちょうどラジオのアイデアが発明者の心の中ではすでに本物であるし、新しい摩天楼の考案が建築家の心中では真実であるのと同じように自分の劇も神聖な種子（アイデア）だと見なし始めました。それは役にたたない空想ではありません。アイデアには形と型がありまた心という別の世界の実体があります。彼は勇敢にこう肯定し始めました。

無限の英知は劇のアイデアを私に与えてくれました。それはすぐれた劇で、人類を励まし向上させるでしょう。このアイデアを考え出した私の中にある創造の英知が、それを安全に成就させるための門を開いてくれるという事実を今私は受け入れます。引力の法則が私のために働いていることを知っています。そうしてこの劇を受け入れて大いに宣伝して上演してくれる適当な人々を私は今引きつけているところなのです。私はより深き心に要求を放出します。そうすれば土に埋められた一粒の種子が大きくなって、ふくらみ、蕾が開くように、私の潜在意識の中にうずまっていた私の願望も、私の劇を安全に開け拡げてみせてくれることを私は知っています。

やがて私はこの若者からすばらしい手紙を受けとりました。その手紙によれば彼は地方のゴルフリンクでビバリーヒルからきた一映画会社の重役に会い、ゲームの間に彼が書いていた劇について手短かに相談したということでした。その重役は興味を持ち、ぜひその劇を読ませてくれと頼みました。そして、重役は彼の劇に夢中になって、彼と上演の契約を結び、芸能人や演出家やその他あらゆる必需品を準備してくれました。これは創造する英知を信仰し、祈りに答えをもたらす信念に従って行動した彼の勇気に基礎づけられた引力の偉大な法則のなせるわざなのです。

信仰は信頼です。母親の両腕の中にある時は、あなたは自分の母を信頼していました。あなたは母の眼に見入ってそこに愛を見たのでした。広大無辺な力、それは全知全能、全愛なのですが——それをあなたが信じる時、それはあなたが母を信じていた時よりも更により偉大になるはずです。

自己不信と恐怖を征服する

私は数ヵ月前にワイオミングから来た一人の男性と語り会いましたが、その人は大きな昇進をしてサンフランシスコに移住しなければならなくなりました。そのため恐怖と心配と劣等感で行きづまってしまって、昇進を受けることはできない、必ずみんなの期待に答えられないと思ってしまったと彼は私に言いました。このことを言い換えれば、彼は自己不信のあまり躊躇したのでした。何かがいつも心の中に湧き出していて「おまえにはそれはできない」とささやいたと彼は言っていました。

私は彼にそのささやきの根源を説明し、それはたぶん子供時代にさかのぼって彼の潜在意識の更に深い層にたまってしまっている恐怖、心配、劣等感または自己不信から来ていて、これらの否定的な考えが彼を支配し、抑制し、つきまとっているのだと指摘しました。

私は彼に簡単な公式を与えました。それは誠実に習慣として実行すれば頭を非常にすっきり浄化する働きをもっていて大いに効果的なものです。桶に汚れた水がはいっているときはきれいな水を絶えず注ぎ込んでいれば、しばらくするときれいな水に変えることができるだろうと、私は彼に説明しました。これと同様に、彼の心にはいっている否定的な考えをすべて、そこから押し出してしまうような健全な考えで、今後彼は心を満すことになったのでした。そこで次の祈りをすすめました。

私は神を絶対に信じ、あらゆるものが善だと信じます。私は広大無辺な力と一つものであります。

神と共にあるものは一人ではなく大勢の仲間をもっているのです。神と宇宙は私のためにあるということを知っています。それでいかなるものも私には逆らえないのです。恐ろしいものは存在しないし、それには力がないということを知っているので私は常に大胆です。恐怖は私の心の影にすぎません。影には力がないのです。私は信仰と自信に満ちています。私には前途にあるすべての問題にぶつかっていく勇気があります。ぶつかっていって私の中にある神の英知と力であらゆる問題を征服いたします。神の力と善き私の考えとはいっしょなのです。私は神聖な存在に熱中しています。神の愛は私の魂を満たし、神の平和な川が私を貫流するのです。愛には恐れがないのです。一つの力を愛しそして認めればすべての恐れがみんな追い出されるからです。私が生きている限りどの瞬間も、信仰、勇気また自信がだんだんに大きくなって行きます。そして神の力が今私の中を流れているのを感じます。私は平和です。

心は自然のように真空を忌み嫌います。この若者が前述の精神的な考えで毎日、朝、昼、晩と約十分間彼の心を満たし始めた時、数年間劣等感と疑惑という束縛を受けていた彼の恐れと心配を全部彼の心から洗い出すことに成功したのでした。

この瞑想のテクニックをやっている時、彼はサンフランシスコの昇進を受諾しました。そして心を更新して一変いたしました。事態に直面し種々の恐怖をつかみ出してそれを投げ出す彼の勇気は、成功と昇進と収入増大との意気揚々たる旅路の第一歩となりました。

「疑惑はうらぎり者よ。実行を恐れることは、しばしば手にはいったかもしれない善きものを取り逃がすことになる」といったのはシェイクスピアです。

奇跡的に健康をとりもどした人

ここにシカゴからきたビックリするような手紙があります。

親愛なるマーフィー博士、私の息子は非常に重い小児麻痺にかかりました。しばらくの間彼は意識を失って鉄の肺にはいっておりました。一人の医者が祈るようにと私を力づけてくれました。何度も何度も、私はあなたの『人生に勝利する』を読みました。あなたがその本の中に書いているいろいろの祈りを実行してみました。そして聖書から引用した二、三の句に心を止めました……彼らが呼ばないさきに、私は答え、彼らがなお語っている時に、私は聞く（イザヤ書第六十五章二十四節）あなたは全き平安をもってこころざしの堅固なものを守られる。彼はあなたに信頼しているからである。（イザヤ書第二十六章三節）……あなたの信仰があなたを救ったのです（マタイ伝第九章二十二節）。もしできれば、というのか。信ずる者には、どんなことでもできる（マルコ伝第九章二十三節）……心に楽しみがあれば顔色も喜ばしい（箴言第十五章十三節）……私は主であって、あなたをいやすものである（出エジプト記第十五章二十六節）……なんでも祈り求めることは、すでにかなえられたと信じなさい。そうすれば、そのとおりになるであろう（マルコ伝第十一章二十四節）主は言われる、わたしはあなたの健康を回復させ、あなたの傷をいやす（エレミヤ書第三十章十七節）。

私の心をこれらの聖句や他のあなたのお書きになったものに集中しました。またこれらのことばを絶えず私の心に浸み込ませる練習をいたしました。そうしたら三日目に非常に深い平和な、静寂な感じが長く続くような気持を味ったのでした。そして息子の意識のない顔を眺めると、彼は私にニッコリ微笑しているのを見たのです。その瞬間に私は神が私の求めに答えてくだすったことを知りました。

それは四ヵ月前に起こったことでした。息子の力は徐々に回復してきております。医者たちがたいへん私を励ましてくれました。そうして神がわが息子をいやしてくださることを知ったのです。頭文字だけにしてくだされば、この手紙をお用いいただいてけっこうです。

かしこ

イリノイ州・シカゴ

L・J

なにもかも絶望的だと思われる時に神の真理を屈せずに肯定したこの婦人の信仰と信頼の不思議な奇跡をごらんなさい。あなたの中にも、どんな障害物でも征服するあらゆる勇気、信仰、自信があります。必要なものすべてを得るために広大無辺な力を招きよせなさい。そうすればいわゆる克服できない、越せない障害をも征服しうる勇気と力をあなたは持つことができましょう。

あなたの中には奇跡を起こす広大無辺な力がある

あなたが神の広大無辺な力を伝達する中間物であることを会得する時、勇気や信仰や希望があなたに与えられるのです。……神によらない権威はなく、おおよそ存在している権威は、すべて神によって立てられたものだからである（ローマ人への手紙第十三章一節）と聖パウロは申しました。

たとえば原子力は神のものです。人間が望む方法でいかにでも使用しうるのです。電気のエネルギーも神のものです。一陣の突風も神の力を現わします。地球を地軸で回転させたり宇宙空間の惑星や銀河を動かしたりする力は――すべて広大無辺な力を反映させているのです。

あなたはこの無限の力を持てる者です。そしてあなたの考えを通してそれに触れることができます。神はあなたの中に住んでいて、あなたの中を歩みあなたの中で話し、あなたの生活そのものになるのです。この力を認め、この存在と結合してこの瞬間に英知、力、愛、光そして真理の潜在的な伝達者となりなさい。これからは「この苦労を私は克服することができない。この問題や挑戦を超越することが私にはできない」と言ってはなりません。実際にはあなたが言っていることは、神がその問題と直面できない、あるいは解決を示すことができないということなのです。それは無神論であり全能の神の拒絶になるのです。

勇敢に肯定しなさい。「私に答え、あらゆる方法で私を元気づける広大無辺な力で、私はすべてをすることができます」。そうすると不思議なことがあなたの生活に起こるでしょう。

激しい偏頭痛がなおった牧師

サンフランシスコにいる私の友人の一牧師が数ヵ月前に私を訪ねてきて、恐ろしい偏頭痛をいろいろと話し「しばしば日曜の朝説教をしている間に、この目もくらみ割れるような偏頭痛に襲われます」とつけ加えて言いました。医者が処方した特別な薬は折々利くこともあるが、時には全く利かないこともあると言っていました。「ときどき痛みのあまり叫び出しそうになりました」とこの牧師は言いました。

私の両手を彼の額にのせて（私がこのようなことをするのはまれです）いっしょに祈ってくれるようにと彼は私に頼みました。それで私はそういたしました。「あなたの手を眺めていると、その手が神の癒やす力の伝導帯だということがわかります」と彼は申しました。それから彼がマルコ伝第五章二十三節から……どうぞ、その子がなおって助かりますように、おいでになって、手をおいてやってください。またマルコ伝第六章五節から……ただ少数の病人に手をおいていやされただけであった、と彼は引用しました。私は、彼の額に両手をおいて次のように祈りました。

あなたをじゃまするものはすべて、今あなたから離れていこうとしています。そしてあなたは、神の自由に流れ、治癒する調和のとれた生き生きとした生命で満たされています。広大無辺な力は今私の両手から流れてあなたの体のあらゆるアトム（原子）に浸透し、あなたの体のすべての器官を神の完全な型に変えているのです。平和な神の川はあなたを通して流れ、また神の愛の海はあなたの全身をひたします。あなたは清潔にされ治されます。神の愛が今あなたに触れているのです。そしてあなたの癒されたことに私どもは感謝いたします。

私は両手を彼の頭において約十五分間じっと静かにしておりました。私どもは神の恩恵と治癒の力を注入することに集中しました。この牧師は、ひどく熱くなって体全体がガタガタ震えるのを感じました。そして汗がたくさん出ました。「私はすっかり治ったことがわかります」と彼は大きな声で叫びました。彼は再発せず全く治っています。これこそ広大無辺な治癒の力の信仰の不思議なのです……あなたの信仰があなたを救ったのです（マタイ伝第九章二十二節）。それは正しく適用さえすれば薬の力をしのぐものです。

★要約……有利な指針

1　信仰は宗教的な説得ではなくて、むしろあなたの求めに無限の力が答え、そしてあなたが求めて祈るものはやってくるという考え方、建設的な心の態度、すなわち自信の感じなのです。

2　農民は信念を持っています。大地に種子を蒔くとき蒔いた種類どおりの植物が成長することを知っています。考えは行為だということを知る時、あなたは信念を持つのです。あなたが感じ、そしてあなたが引きつけ、想像するものにあなたはなるのです。

3　だれでもなにかを信じています。無神論者さえも自然の法則や電気や物理や化学の原理を信じています。あなたの信仰は、これらよりすぐれていなければなりません。またあなたの信念は善なる神に、神の導きと愛に、あなたの心の法則の中にあらねばなりません。それらすべてはけっして変わらないからです。それらは昨日も今日もそして永遠に同じなのです。

4　神（より高貴な広大無辺なあなた自身）をあなたの静かな仲間になさい。そうすればこの力と一体となったあなたは、愉快な生活ができるように上の方に前の方へと自分を動かすことができるのです。

5　あなたが今心に抱いているアイデアはあなたの手や頭と同じように真実なのだということを知る時、あなたの信仰が増していきます。それはあなたの心の中で形態を整え実体となるのです。それを信仰と期待とではぐくめば、それは虚空の映写幕に具象化されるのです。

6　アイデアは大地に蒔かれた種子のようなものです。蒔いた種類どおりのものが成長します。あなたはその種子に生命力を与えないのですが、種子の中には生得の力が備わっていて独りでに開いていく力を持っているのです。同じように期待してあなたの願望に水をかけたり、信頼してそれをはぐくめば、形、作用、経験あるいはでき事としてそれが現われるのを早めることができましょう。

7　あなたが心を永久不変の真理と広大無辺な考えに生命を与える型で満たす時、潜在意識からすべての否定的なものを追い払ってすべての恐怖を投げ出して、信仰、勇気また愛のために道をあけることになるのです。
8　あなたが心を聖書のある深い、精神的な魂を癒す句につなぎ止める時、たとえば私は主であって、あなたをいやすものである（出エジプト記第十五章二十六節）、あなたの信仰があなたを救ったのです（マタイ伝第九章二十二節）などその他の多くのものにつないでいる時、あなたは徐々に潜在意識を広大無辺な英知に染み込ませているのです。そして癒す奇跡が続いて現われるのです。
9　すべての力は神のものであり、神は全能であります。あなたは神と一つのものです。だから「私はこれをすることができない」とか「私は治らない」または「この問題は解けない」などと言うべきではないのです。実際にあなたが言っていることは「神と広大無辺な英知はその問題を解くことができないのです」また「神が私を治せないのです」ということなのです。その瞬間にあなたは無限の存在と力を拒絶しているのですから無神論者であります。
10　両手を載せて治療すること、また癒すためにあなたの中にある広大無辺な力を要求することは昔から行なわれていることです。多くの人々が触れる力と両手をのせることの大きな力を信じています。そしてその人々の信じるとおりのことがなされるのです。

第十二章　求めるものを得る法

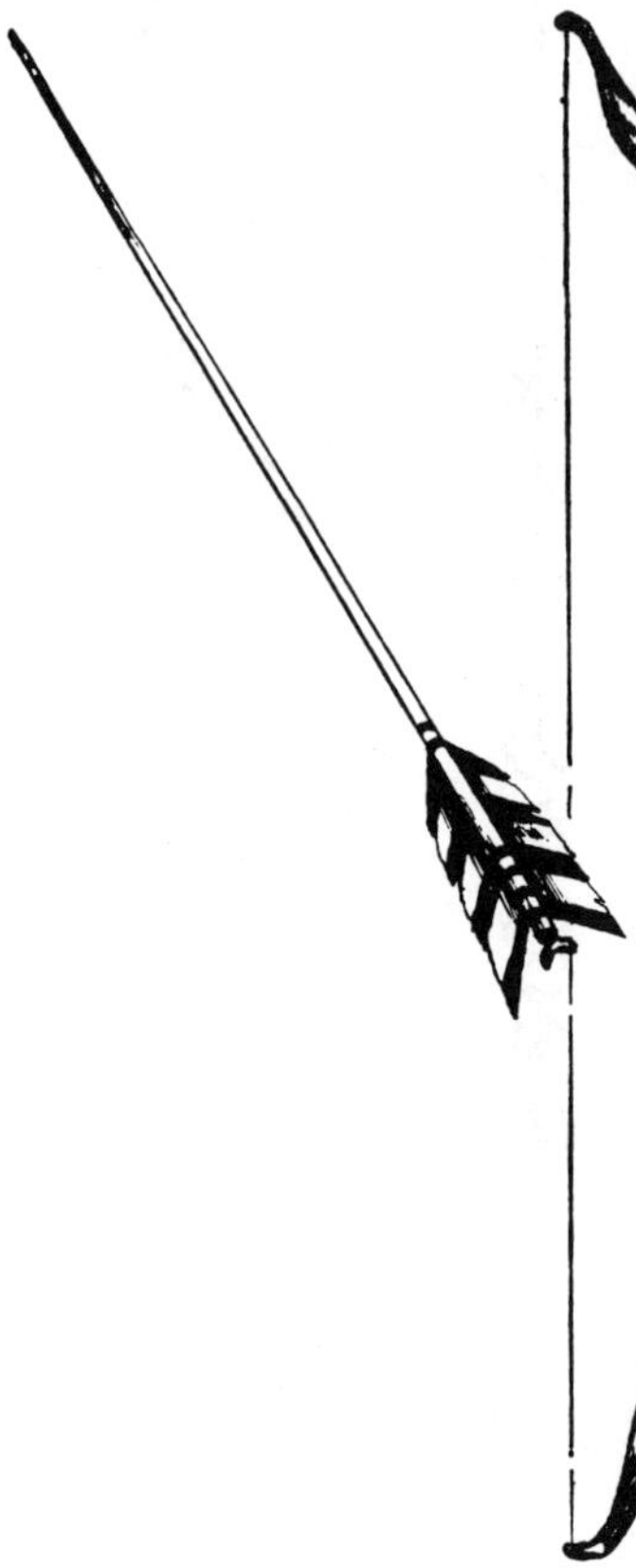

願望は、あなたが表現することを求めている神すなわち広大無辺な力の贈物です。空腹の時には生命の原理があなたを維持するために食物の願望をあなたに感じさせます。咽喉が渇いた時には水をのぞみ、寒い時には火を焚き、病気になれば、健康をあなたは願うのです。あなたの中にある広大無辺なものは、制限された形で表現されることをひどくいやがります。より深いあなたの心の願い、衝動、暗示または刺激は、常に生命に向けられていて、あなたが立ち上がるように、抜きんでるように、大きく成長するように、常に健康や幸福、繁栄、真実を表わしてあなたの理想や夢や抱負を達成したいと願望を抱くように、あなたを促がすのです。願望こそはあなたを前向きに上へ、神の方へと押しやる刺激物なのです。

求めているものを得て、人生の目標を達成したいという強い願望と強力な野心を抱いた人々が、現在のアメリカすなわち世界最大の産業国家を作りました。たとえば、ヘンリー・フォードは自動車を造ることを望みました。それから彼は最初よりも更に大きな別の願いを持ったのでした。つまり、それは全世界の人々を車に乗せることでした。この願望の達成によって世界中の何千万人という人々が職を得ることができ、数知れぬ方法で人類を祝福することになったのでした。

願望が初めで、実現はその終わりであり、あなたの問題の解決なのです。願いを実現できないと、挫折、不幸、病気の原因になります。長期間にわたって朝も昼も夜も目標に到達しようと願い続けてもなお求めているものに達しえないと、あなたの生活は混乱に陥り、果しない苦しみ、精神的にも感情的にも肉体的にも際限ない悩みの原因になるのです。

あなたの運命はあなたが創る

……あなたがたの仕える者を、きょう、選びなさい（ヨシュア記第二十四章十五節）と聖書に書いてあります。あなたはたった今から新しい未来を創ることを選択できるのです。あなたの考えと感情はあなたの運命を支配いたします。

エマーソンは次のように申しました。「人間は一日中自分が考えているとおりの者になる」。聖書には……彼は心のうちで勘定する人のように（箴言第二十三章七節）と書いてあります。聖書の心という字は潜在意識を意味する古いカルデア語です。そこでこの文句全体の意味は、あなたが心にいだいたり、他人に植えつけようとしたりする考えや感情や信仰や印象はすべてあなたの心の底深くに住みついて、そのもの自身の生活をする、そしてそれらは命令し支配し、あなたの意識的な行動をすべて操作するという意味です。

簡単に言い換えてみると、あなたの潜在意識に印象づけられるものは、形を持ち、機能や経験としてまた事柄となって外部に現われるのです。百年以上も前にフィニアス・パーカート・クインビイは「人間とは確信が表明された者である」と言いました。

だからあなたの未来は、多数の広がりを持つ空間のスクリーンに映写されるあなたの現在の習慣的な考え方なのです。言い換えればあなたの未来は現在のあなたの考えや信仰が表わされたものなのです。あなたの未来は現在のあなたの考えの型が成長していったものなのです。それが、畑のそこ、ここに埋めておいた種子が同じ種類の収穫を産み出すのと同じ方法で完成していくのです。すべての種子（考え）は、その種類どおりに大きくなるのです。

事業で莫大な成功を得る

一人のビジネスマンが私を訪ねて来て、事業のことでどのようなお祈りをすればよいかとたずねました。「なにもかも悪くいって、私は失敗しそうです。どれもみんな裏目に出ます。まだ最悪の事態になっていませんが、事業はだめなのです」と私に申しました。

そこで、私は、考えの型を変えてそれをいつまでも持続させることで、その事態全部を逆転できると彼に説明いたしました。私の忠告をよく考えた後、彼は恐れていた条件を自分で創り出していたことを理解し始めました。それというのも、彼の潜在意識は彼の習慣的な考えを再現いたしてましたから。

私はこのビジネスマンに、成功も繁栄も内部の平和も潜在意識にふさわしいものを与えて心の代償を支払いさえすれば、彼がそうなる資格があると感じているままの良い生活にいくらでも到達できることを更に指摘いたしました。それで、毎朝目を開くと、彼は勇敢にこう肯定いたしました。

今日は神の日です。私は幸福と成功と繁栄と心の平和を選びます。一日じゅう神の力によって導かれ、私のすることはなんでも繁栄いたします。成功、平和、繁栄あるいは私の善しとする考えから注意がそれそうになる時にはいつでも、直ぐに私の考えを神と神の愛を黙想するようにひき戻します。そして神が私を心配していることを知ります。私は精神的な磁石で、私のところでなければないものをほしがっている顧客を引きつけるのです。毎日私は、より良いサービスをしています。私が引き請けたものはすべてすばらしい成功をしています。私の店にはいってくるすべての方々を祝福し、栄えさせます。この考えはすべて今私の潜在意識に沈みこんでいます。そうしてそれは豊富、安全、心の平和として現われてくるのです。すばらしいことです。

彼は毎朝毎晩、上記の祈りを用い始めました。そしてその月の終わらないうちに彼から次の手紙を受けとりました。

親愛なるマーフィー博士、二、三週間前にあなたとお会いした結果どんなに多くのものを得たかをお知らせするため、またお礼を申しあげたいと思ってこの手紙を書きました。私は今、私のために都合がよく、私を更に健康に、よりしあわせに、もっと成功させ、更に私を役だてうるものにはすべて権利を持っていることを知っています。

以前私は、成功や繁栄や前進のための願望というものが私が生活の階段を一段昇る時期がきたことを知らせる私の中に住む神の存在の衝動であるとは考えてもおりませんでした。今や私は神すなわち生命の意志が、私のために前進し征服し立ちあがり、そしてあらゆる面で偉大なことを完成させるはずだと知っています。

私を抑えていたもののひとつが、実は他人の物に対して権利があるように私が考えていたことだという真実を強調してくださったことで、あなたに感謝しています。他人の権利を侵害したり、あるいは他人の利益や財産や富を不当に望むことは、全く誤ったことだと今私はわかっています。神はほかの人を侵害せずに生活上のあらゆる富、幸福、成功や好運を私に与えてくださることができるのだと十二分に悟っています。

絶えずあなたの教えてくだすった祈りを心にとめながら価額を支払いました。そうしたら事業がひどく伸びたことに気がつきました。私は自分がいっそう楽しく更に一段と快活になってゆくのを感じました。私は机の上に美しく印刷した一枚のカードを載せておきます。すべての道で主を認めよ、そうすれば、主はあなたの道をまっすぐにされる（箴言第三章六節）私が支払った値段はこれらの真理の受諾であり、また適用で、そしていつもそれらに忠実であることでした。

運命を非難することをやめて昇進と経済的増収を得た男

数ヵ月前、私が大好きな保養地、ハワイの大きな島にあるコナ・イン・ホテルに滞在ちゅう、風景が美しいスイミング・プールのそばである男とおしゃべりをいたしました。

彼が私に話したことを要約しますと次のようになります。「あらゆることから離れようとここに来て一週間になります。私の生活は毎日非常に骨の折れるものです。いっしょうけんめい働いても私はどこへも行けません。退屈して飽き飽きしております。生活は単調で、食べて眠って働いて、テレビを見るだけで、自分の仕事がいやになります。私を押さえる残酷な運命があるのです。と言うのはこんなにいっしょうけんめいに働いても未だに目的を達することができないのですから」。

この男と話しているうちに彼は一週間の休暇を過すためにサンフランシスコの彼の姉から借金をしてここに来たことがわかりました。そこで私は、好運の車輪を完全に回して、富、成功、幸福を彼に与え、そして生涯の大望を十二分に実現させてくれる簡単で、現実的で実利的な公式を教えましょうと彼に申しました。

……人は自分の蒔いたものを、刈り取ることになる（ガラテヤ人への手紙第六章七節）という文句の意味を彼は熱心に聞いておりました。これは、もしあなたが欠乏、制限、争い、悲痛、病気、競争などの考えを心に植えれば、それと同じものを刈りとらねばならぬということを意味するのです。あなたの潜在意識は土壌に似ていることを記憶しなければなりません。あなたの心の庭に植えたどんなタイプの種子（考えや心に描いた像）でも、それは生長していくのです。あなたの考えを一意専心に真実だと信じる時、あなたは考えを蒔いたのです。そしてあなたが自分と世間に実地にやって見せているのは、あなたの心の底に深くあなたが信じているところのものなのです。

この人は大学でエマーソンの哲学を勉強しましたが、それを理解しなかったのでした。単に学問として読んだにすぎませんでした。エマーソンは「運命に関する論文」に次のように書いています。「彼（人）は繋辞（つながり）が隠されているから自分の運命をよそ者と思うのだ。しかし魂（潜在意識）にはそれにふりかかる事柄がすべて包含されている。なぜなら事柄は魂の考えの実現にすぎないからだ。そしてこうありたいと自分自身に向かって祈ることは常にかなえられる。でき事は、あなたの考えの型の複写である。それはあなたの皮膚のようにあなたにぴったりくっついている」。

これが朝、昼、晩に用いるようにとこの人に教えた公式であります。

神は私の仲間であり、どんな状態をも征服できる広大無辺な力が私の内部にあります。私は勝利をえるために、成功するために、そして征服するために生まれました。困難な割り当て任務をも意のままに支配する時非常にスリルを覚えます。私の喜びは、他人の権利はどんな形でも決して侵害せずに私の求めているものを征服し獲得することです。また自分にしてほしくないと思うことは、他人にしないようにします。

私の中の広大無辺な力は、他人の権利に干渉しないでも私が必要とするすべての幸福と好運を私に与えることができるし、実際に与えてくれると私にはわかっています。あらゆる供給のそしてすべて善なるものの永遠の根源に今私は接触しています。そうして神の存在は平和と幸福と喜びと成功と繁栄を私にもたらし、また、神聖な正統な方向に豊かに、それらが表われているのです。神は私に道を示しています。私の中にある神聖な英知を私は信頼します。神の力によって私は導かれ、真実の生活を表わし、私の心の願いを成就させるように指導されています。

私はプールのわきで彼のためにこの祈りを書きました。そして彼がこれらの真理を意識的に、深い変わらない信仰で肯定する時、これらが潜在意識に浸透して心に刻みつけられるということを説明しました。潜在意識は広大無辺な力つまり限りない英知と一つなので、夢の達成のために必要なあらゆる手段を彼に講じさせるでしょうし、合法的に非凡な方法で彼が生活上求めているものはなんでも得られるようにしてくれると説明したのです。

この若者は残酷な運命の被害者ではなかったことに気づき、凡人の生活、貧乏なみじめな状態の生活を余儀なくされる運命でなかったことがわかりました。彼は彼を束縛していた誤った観念やまちがって信じていたことから、精神的に逃げ出しました。サンフランシスコからきた次の手紙は、彼の完全な精神的変化を証明いたしています。

親愛なるマーフィー博士。コナであなたとお話しして私はうれしゅうございました。私はそれまで潜在意識やその力についてあまり聞いたことがありませんでした。私のために書きとめてくだすった祈りを毎日三回やっております。否定的な考えが浮かんでくる時には、私は直ちにそれを追い払ってしまいます。あなたが言ったことはほんとうだということに気づきました。否定的な考えが徐々に惰性を失い、今私は建設的な考えをするようになっています。

私は今事業経営課程に出席していますし、大学で週三回スペイン語を改めてやり直しています。私は副支配人に昇進し俸給も週五十ドルの増俸を受けています。私は上り坂を歩いています。私はあなたの著書『眠りながら成功する』を研究しています。そしてそれが知識の宝庫であることがわかるようになったのです。感謝いたします。

取引きを邪魔する障害をとり除いたセールスマン

T・E

二、三ヵ月前にニューヨークのある人から手紙を受けとりました。その中には取引きを結ぼうというところまでこぎつけるといつもそこで扉が固く塞ったようにどれもこれもみんなだめになってしまうということが書いてありました。このことは有望な顧客が完全に同意をすると彼が心で思った時、よく起こるのでした。突然顧客が病気になったり、彼の妻が死亡したり、彼が事故に遭ったり、事務所に抜けられない約束ができてしまったり、霧で飛行機が延期になるとか突然に急病になるとか、いろいろな人々と行き違いになるといったさまざまの理由で顧客との会見がだめになってしまいます。彼は「その障害」をなくすのにはどうしたらいいかとたずねてよこしたのでした。

この人が苦しんでいる唯一の障害は、彼の心を支配している誤った信念でした。彼は、生活にこれらのエピソードが再発することを恐れていました。そこで一番恐れていることを経験することになったのでした。言い換えれば、非常に明白な形となって信じていたとおりのことが彼になされたのでした。

私は彼に当てた手紙の中で、調和、成功、繁栄に至る方法は彼の中にあるのだと指摘しました。彼は乞うことも嘆願することも、神にすがる必要もありませんでした。彼がしなければならなかったのは、彼の精神的な考えと心に描く像の流れを変えることでした。私は、彼のために私が書こうとしていることは、彼の考えとその背後にある心の法則について理解したときのみその価値が現われるのだと主張いたしました。たとえば独立宣言と権利法案を暗唱することができても、アメリカ魂の真の意味を少ししか理解していないか、全くわかっていないようでは意味がないということを強調したのでした。私の指図に従って、彼は次のように心を逆転させました。

すべての物を創造した唯一の心だけが存往することを私は知っています。そして私の心はその広大無辺な心といっしょのものです。この広天無辺な力と離れえぬ唯一の心のことを瞑想します。そしていかなる精神的な努力も緊張もなしに私の心の底にいっそう深く私の考えや心に描いた種々の像を沈めるようにいたします。これらの考えが宇宙を創造した広大無辺な心によって組み立てられ、現わされて戻るということを静かに確信しています。

神は、広大無辺な心の力だということを私は知っています。神は私をとおして働き、私の仕事はじゃまされず、延期されることもありませんから、私の仕事は神の仕事なのです。あらゆるものを創った広大無辺な力は、自分が創るものはなんでも完成しました。私の仕事は、神のように正しく完璧に完成していくのです。私がとりかかったことは全部実を結びます。私の最高の幸福、心の平和、そして完成をもたらすこの考えだけをたいせつにいたします。

彼が心の働きを誠実に深く理解し肯定して、前記の祈りを実行したところ、完全な変化がもたらされたのでした。彼は、いわゆる障壁をひっくり返して、取引きを成立させ、信仰と自信をもって更にいっそう生活を完成するようにと前進を続けております。

あなたは自分の思いつきを成就することができる

ロンドンの一技師がかつて私に申しました。「数年前私が初めて世の中に出た時、割当てられた三つの仕事でみじめな失敗をいたしました。そしたら監督が、おまえは失敗を恐れているしまた失敗するだろうと思っている。だからおまえは失敗するのだ。おまえが経験するのはおまえが心の底深くで期待しているものなのだからと言うのです。これが私の人生の転機となりました。この時から私は、心の持ち方を完全に変えました。

私は、成功しないぞ、失敗するぞ、と思いながら事をすることを自分で認めました。その瞬間から私は成功を信じました。私のモットーは私が思いつきそして可能だと信じたことはなんでも成就できるということでした。私の新しい態度は、私の背後にはこの土木会社の重役がいてくれると根拠づけることなのであります」。

この土木技師の引用した句「私が思いつきそして可能だと信じることは、成就できる」をあなたの心に刻むことをおすすめします。

この土木技師は、彼の中に神の力すなわちすべてに全能な広大無辺な与え主が存在することを現実にわかり始めました。そしてそれを軽く叩き起こして、以前に絶望だと信じていたものを完成する答えや力や英知を教えてもらい始めました。彼は完成と勝利と征服とを予期しました。すると彼の信仰が他人にも伝染するようになりました。彼の下に働く人たちは全部同じように成功や勝利の思いつきを心に染み込ますようになり、その人たちもまた偉大なことを為し遂げました。

この土木技師の気に入りの聖書の引用句は次のものです。さばくに、われわれの神のために、大路をまっすぐにせよ、もろもろの谷は高くせられ、もろもろの山と丘とは低くせられ(イザヤ書第四十章三、四節)。

★要約●●●●●重要な指針

1 願望は神の広大無辺な贈物です。願望、衝動、暗示またあなたの中にある生命の原理の刺激は、あなたが立ちあがり、他にぬきん出て、大きく成長するようにと話しかける生命のやり方なのです。

2 あなたは自分自身の運命の形態を考えて創るのです。あなたの習慣的な考え方と自分の描く心の中の像によってあなたの未来が決まります。そしてあなたの潜在意識は終日あなたが考えている事を忠実に再現します。エマーソンは「人間は一日中自分が考えているとおりのものになる」と言いました。あなたの現在の考えを更により善きものと変えなさい。するとあなたは自分の運命をいちだんと優れたものに変えられます。

3 あなたは、欲しいと思っているものを得るために代償を支払わねばなりません。その代償とはあなたの心の広大無辺な法則を学び、あなたの考えに注意し献身し、そしてたいせつに養成することを学ぶことです。心の法則とは、あなたが注意を払って深く興味を持つものはなんでも、潜在意識が空間の映写幕に大きくして殖やして表現するということなのです。

4　あなたを今よりも幸福に更に健康にいっそう成功させるものならどんなものにでもあなたは完全な権利を持っています。そしてあなたが前進しようとする旅路をはばむ唯一のものは他人のものにあなたが権利があると考えることです。他人の権利を侵害することは、広大無辺な正義において全くまちがっています。あなたが自分に望んでいることをすべて他の人のためにも望みなさい。

5　広大無辺な与え主であり、あなた自身の中にある神は、この世に生をうけたいかなるものの頭の毛一筋も傷めないで生活上のすべての富、幸福、好運をあなたに与えることができることを会得しなさい。

6　あなたを凡庸な頭の弱い者として、また病人として抑えつけておく残酷な運命など存在いたしません。あなたは心に蒔いた種子どおりに刈りとらねばならないのです。あなたの心の庭に蘭の花（美しい考え）を植えなさい。あなたの生活のすべての経験は、単にあなたの考えや意識や潜在意識に客観性を与えたにすぎないのです。

7　心の中に祭りあげられている誤った信仰や異常な恐怖以外に、あなたを押える障害はありません。障害は人の心を支配し、一連のあらゆる苦悩をもたらすまちがった信仰なのです。あなたの心の法則を深く理解してその障害をとりのぞきなさい。

8　あなたが思いつき、可能だと信じることはなんでも、広大無辺な心で成し遂げることができるのです。

第十三章　心の障害を克服しよう

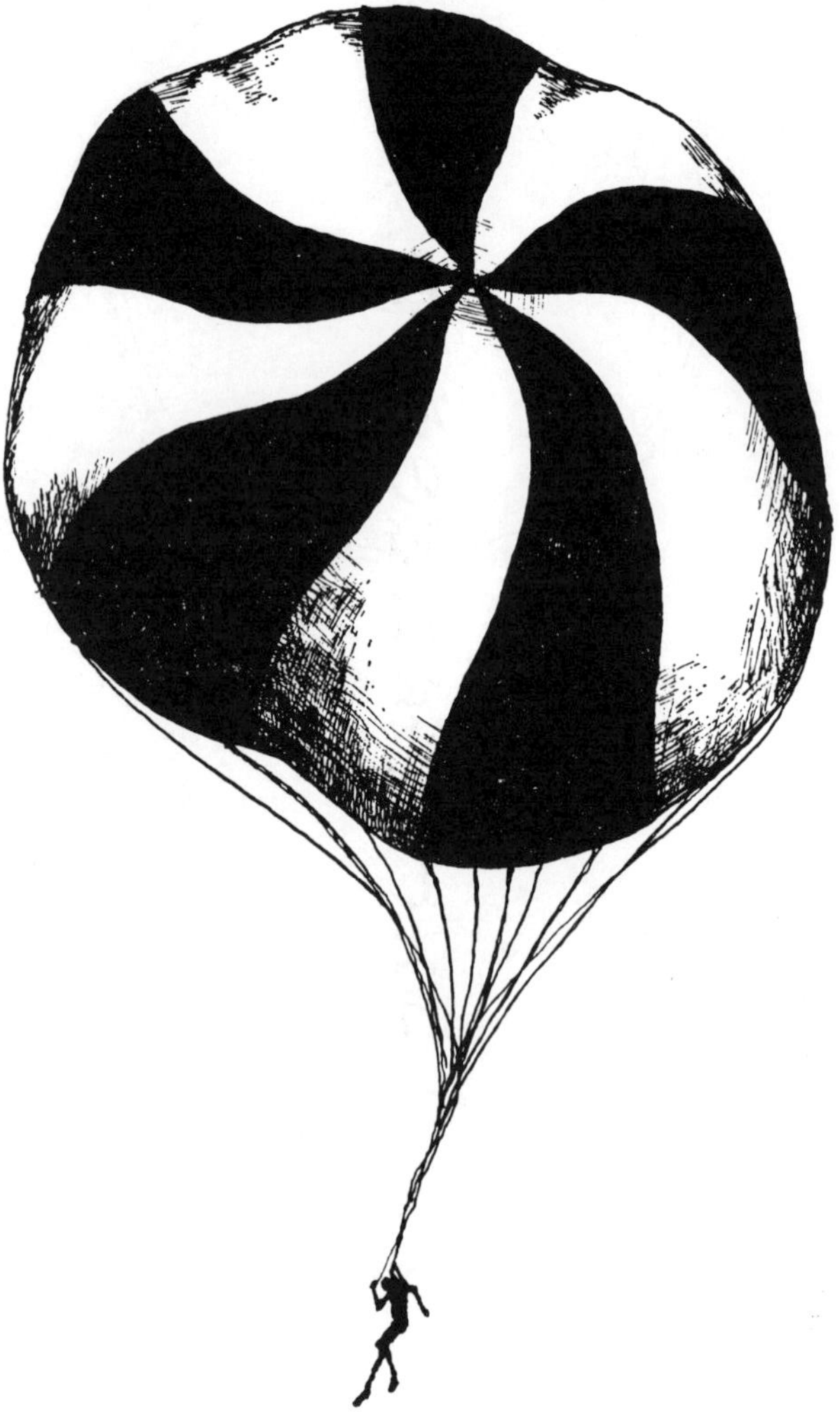

生長の原理は広大無辺で遍在的です。あなたは毎日花に、すべての植物に、動物にそして人間に表われている生長のこの不思議な原理を見ております。一本の木の種子はあらゆるじゃまものを征服していくことで有名です。木になるために岩を破壊することすらいたします。同様にあなたもここにすべてのじゃま物を征服して、その上に立ち上り、抜きん出て生長する喜びを味わうために存在するのです。

すべての問題に精通しあらゆるむずかしいことを解明し、喜びと幸福と勝利を得た生活を経験するためにここにあなたは存在するのです。あなたはどんな挑戦をも征服して、その喜びや満足感や勝利のスリルを味あわせてくれるあなたの超自然的な力を知的にまた精神的に知るためにここにいるのです。

あなたの中にある広大無辺な力をあなたが認め、自分の環境条件に対する責任を受け入れた瞬間に、あなたは条件を支配し始めます。そしてあなたの思考が感じたとおりになり始めます。

もしクロスワードパズルがあなたのために全部作成されていて、あなたのしなければならないことがただXやYやZまたはNをはめることだけであったならば、あなたにとって生活は非常につまらない気の抜けたものとなるでしょう。喜びはクロスワードパズルを解くことにあるのです。つまりあなたが発見することであります。その神の中であなたの運命が形成されるのですから。

広大無辺な心が所有地を売ることを助けた

数ヵ月前ある人と会見しました。その人が言うのには銀行貸付の金詰りと高利息から土地家屋を売るのにたいへんな苦労をしていたのでした。そこで私は彼に申しました。「こういう古い格言があります。あなたが捜し求めているものはあなたを捜し求めている。地所と家屋を売りたいということはそれを買いたいと思っている誰かがどこかにいることを暗示しているのです」。

それから私は彼に「私ども二人でその事柄について祈りましょう。そしてそれがその地所をほしいと思っている正しい買手に売られるように、そして買手がそれを感謝し、その地所で栄えるように心から同意しましょう」と申しました。

そこで私ども両人の心を静め、精神的にも肉体的にもくつろいで家を売却することに注意の焦点を合わせました。そして声に出して私はこう言いました。

私たちは、正しい買手がどこにいるかを広大無辺な心が知っていて、その心の中にいる無限の英知が買手の所在を知っていることに今同意しましょう。その力が今この瞬間に活動して、あなた方両人を知合いにさせます。私ども両人は値段も、時期もまた買手も正当だと判断します。売り買いは、人間の心の中の考えの交換を提示しますので、その地所も家屋も今神の広大無辺な心の中で売却されていることを私どもは認めます。そうであることを命令します。また、今直ぐわれわれの心の中にその考えを完全に受け入れます。

これが私どもの祈りでした。彼は完全にそれを承諾いたしました。この祈りの結果がたいへんおもしろいのです。その夜眠ってから、彼はその地所にぴったりの価額を書いた小切手をある男にもらった夢を見たのです。夢の中でその男に「あなたは全物件を全額支払いますか」とたずねるとその人は「ハイ、そういたします」と答えました。その時彼は目がさめたのです。そして直感的に彼の地所が売れたことがわかりました。十日経ちました。その十日目の日に夢で見た男が彼のもとにやって来て、しかも家屋付きの十エーカーの彼の所有土地を買ったのでした。その人は彼が要求した金額を正確に支払いました。その額がこの夢とまったく同じだったのでした。

広大無辺な心はどこに買手がいるかを知っていて、夢で彼に答えてから、後でそれを立証したのです。あなたのより深い心のやり方は起こってみないと発見ができないのです。聖書に書いてあります……主なる私は幻をもって、これに私を知らせ、また夢をもって、これと語るであろう（民数記第十二章六節）。

障害に打ち勝った女性実業家

私と話していたある女の実業家が健康、事業、家庭事情が非常に悪くてとてもコントロールが利かないとこぼしました。そこで私は、そんなことをこぼす代わりに反対に自信をもって福祉や幸福を望み、すべての生活情況に対する責任を引き受けねばならぬことを彼女に説明しました。

彼女は話しているうちに、こう申しました。「事業を始めた最初の二年間は大成功でした。どれもこれもうまくいって私は栄えました。今はなにもかもあべこべです」。

彼女に単純な質問をしました。「成功したその二年間は責任を執りましたか」。

「もちろん執りました。私はいっしょうけんめい勤勉に働きました。そして顧客たちに最善の努力を尽くしました」と彼女は言いました。

私は言いました。「あなたの答えは正しいのですが。ただあなたは努力と頭悩の明敏さによるものだとも申されました――が事業の成功の手柄を受け入れ是認することができないのです。それからあなたは失敗や不健康や家庭の不和な事情に対して責任を執ることを拒否しているのです。これは不合理で、無理な、非科学的な矛盾です」。

彼女は直ぐにこの説明の持つ真の正しい意味を悟りました。彼女は成功して幸福で豊かな生活を送るために広大無辺な力を使用する特権をもっていることを急に悟ったのでした。そして成功や繁栄のためばかりでなく彼女の福祉や楽しい生活のためにもその力を適切に用いることが彼女の責任であったのでした。

この婦人はだまされていて、不動産取引きで詐取されていたのでした。そして結果的には極端に怒りっぽくなり苦しんでいました。この満たされない反抗的な気分が彼女の潜在意識の中にひそんでいて、それが彼女を憂うつに神経質にして、財政上の困窮におとし入れ、彼女の胸中でうずく霊魂の傷となったのでした。

彼女は生活の挑戦を受け入れ、彼女から金をだましとった男を許しました。その男は偶然にも彼女の金をもって失踪して南米に行っていました。彼女の簡単な祈りは次のようなものでした。私は彼を祝福し、彼を許します。また自分をも許します。そして私はそれを忘れるつもりです。そしたらその祈りの効果が現われました。彼女は、すでにその時広大無辺な力を発見していたのでした。そうして彼女は恨みとすべての病気を克服できたのでした。広大無辺な力は彼女の確信と信仰どおりに答えたのでした。私が彼女に教えた日々の祈りは次のようなものでした。

私の考えが賢く、明敏で、建設的で調和的でありますので煩わしさや不足や病気や悲惨から生じるものは刈りとりはしません。私はたえず商売が盛大になり、すぐれた健康に恵まれ、元気で豊かにあらゆる面で事業を拡張することを考えます。これらの種子が良い大地(私の潜在意識)に落ちることを、そして豊富な収穫を生じることを知っています。私はたえずすべてに対して許しと慰安と善意の種子を蒔きます。そうすれば広大無辺な力はよりすぐれた情況やいっそう大きな経験やより良い地位を答えとして私に手渡してくれることを知っています。調和と心の平和をいつも私は保ち続けます。

彼女は毎日この考えをたいせつに育てました。そしたら三週目の終わりにはすべての方面で更新して拡大いたしました。事業が繁栄し始めました。新しい友人たちが彼女の生活にはいって来て、浮き浮きするような軽やかな健康になり快活に楽天家になったのでした。この婦人は彼女に広大無辺な力が流れることによって生じた軽やかに浮くような、またはずむような弾力に富んだ喜びや生きる喜びをそして困難に打ち勝つ喜びを発見したのでした。

自殺を救った答え

昨年下町のホテルの支配人から電話がかかり、なにか興奮した調子の声で「このホテルに自殺をしたがっているお客がおります。彼はベッドから出ようといたしませんし食事もとろうとしないで、給仕に自殺しようとしているのだ、マーフィー博士を呼んでくれと低い声でもぐもぐ言っています」とその支配人が言いました。

私はその男を訪ねて申しました。「あなたは自殺しても窓から跳びおりても問題を解決することはできません。一個の人間としてあなたのほうがどんな問題よりもより偉大なので、あなたのいるその立ち場であなたの問題を解決することができるのです」。

私は彼を説きつけませんでした。その代わりに、私の経験からしばしば説明が治癒の薬になることを知っていたので彼にある事を教えました。

問題から逃げようとする行為はロサンジェルスからサンフランシスコへ逃げるようなものだと彼に指摘したのでした。あなたは自分の心をいっしょにつれて行くのです。だからあなたの問題がある唯一の場所はあなたの心の中なのです。

人は体ばかりでなく実際には肉体を離れた外部でも動くことができるという事実をも私は考えめぐらしていました。人は外側から自分の体を眺めることができるし、他人によって遠くからも眺められることができます。人間に関するこれらの真理は、何万年もの前から知られているのだということを、また死というものはなくて、ただ生のみが存在するのだということ、人間の体は精神と心とを表わすための器具であること、そして人はたえず無限に体を持つのだということを私は述べました。

それからデューク大学のJ・B・ライネ博士の以前の同僚である、有名なホーネル・ハート博士の実験と研究著述について述べました。ハート博士は肉体から離れた人間の数多くの事例とその人たちの経験を調査しました。私は率直に死とは彼が即座に現在よりもっと浄化され希薄になって第四次元と呼ばれる別の体を着るのであって、今彼が持っている体を離れても同じ問題に出あうのだと彼に話しました。彼は新しい体の中でいつまでも当惑し失敗し困らなければならないでしょう。それはうろたえた考えと心に描く像に順応した生活を送ることになるからです。

この男は烈しい興味を抱くようになってインドや合州国で自分の体を離れて住む人間の実験に関する私の話に夢中になってきました。何度も彼は質問しました。そしてついに彼がほんとうに望んでいることは解決なのだということを悟り始めました。彼の自殺コンプレックスは自由と心の平和を求める烈しい願望から生じたものなのでした。自殺したいという衝動は生命の更に偉大な表現を望む心からの願いだったのでした。彼は、実際には生命も精神も霊魂も破滅さすことが、たとえそうしようと思っても、できないということを直ぐに悟りました。

人間は精神なのだと私は彼に説明しました。そしてこれからもなお考えという道具を用いるようにしなさい、人が意志できめたものを選ぶことは無数の喜びや不幸をもたらすのだからと申しました。

この男の死にたいという願いは生命の割合を更に大きくしたいという願望なのでした。というのは生命の消滅は実際にはないからです。この男の自殺の衝動は、私が説明しましたように、――激しい精神的苦痛と苦悶と肉体の病となって表われているもの、じゃまになるもの、すなわち障害物を壊してなくしたいという願いだったのでした。

彼のいだいていた説明できない問題とは珍らしいものではありませんでした。彼の妻は彼を見捨てて他の男と逃げました。彼女がどこに行ったか彼にはわかりませんでした。二人は共同の銀行口座をもっていて、妻が株券も公債証書をも含めて金を全部取ってしまったのでした。彼の店は焼けおちて保険金は人手にわたってしまいました。それから彼は酒を飲み始め失望落胆の苦悩に陥り全部終わりにしたいと思ったのでした。

しかし遂に彼は勝利を得、征服し、すべての障害に勝ち誇るために生まれたことを悟って男らしく自分の問題に立ち向かう決心をいたしました。私は彼を食事につれ出しました。そしてあらゆるものを失ってしまったがなお災厄を乗り越えて勝ち誇っている男性について話して聞かせました。彼は命拾いをしました。そしてたえ間なく次のように祈りました。「私を強めてくれる広大無辺な力によって私はあらゆることで成功できます。私の精神にも心の中にも神の愛が満ちています。そして神は私に答えを示し、生活を豊かにしてくれます」。

その翌日彼は化学工場に働きに行きました。立ち上がり神の力によって征服しようと彼は自分自身に誓い、実際それを実行いたしました。彼は離婚をして偶然に莫大な財産家の婦人と結婚しました。二人はお互いにたいへん愛し合っています。一晩であらゆる彼の損失が拭われました。結婚の贈物として彼女は必要な設備がすべて整った店を一軒彼に買ってくれました。「自分の体を離れて生きる人間についてのあなたの説明が私の生命を救ったのです」と彼は私に言いました。

彼の命そのものである広大無辺な力についてこの男が理解したことで、人間は不滅だと彼は悟ることができたのでした。これこそ聖書に書かれているやり方です……永遠の命とは、唯一の、まことの神でいますあなたを知ることであります（ヨハネ伝第十七章三節）。

彼はどうしてベトナムの荒野から抜け出したか

最近私は宴会の席上で演説を行ないました。すると近頃ベトナムから戻ってきた一人の若い将校が、私の隣りにすわっていて、私に体験談を語ってくれました。飛行機が燃え出したので落下傘で飛びおりねばなりませんでした。後でジャングルの中におりたことがわかりました。暗くなり始めていて道に迷って絶望的になってしまいました。数分間、彼は狼狽していたと言っていました。それから彼は独り言を言ったのです。「ここは夜だが次には夜明けがくる。休息する場所を見つけて眠ろう。そうすれば主は私の羊飼いだということがわかるだろう」。そして「私がそういった時すべての恐怖がなくなって助かるなと思いました」と彼は申しました。

この航空士官は、暗闇が破れて炎と光になることを肯定したのでした。恐怖は暗闇なのです。彼の世話をしてくれる神への信仰は光の炎でありました。翌朝彼は狩猟しながらやってきたやさしいベトナムの百姓たちに救われました。

この人は自分の恐怖を克服してしまったのでした。そうすると広大無辺な力が彼の信仰の祈りに答えてくれたのでした……あなたがたの信仰どおり、あなたがたの身になるように（マタイ伝第九章二十九節）。

窮迫と過度の緊張を克服した社長

しばらくまえサンフランシスコで「あなたも金持になれる」について一連の講演をしていたのですが、その時滞在したセント・フランシス・ホテルで私は一人の実業家と会見いたしました。話の途中で、彼は「私はひどく悩んでいて、おそろしく緊張しています。今日も狂気じみた競争です。私はわからなくなって力が抜けてきそうです」と申しました。

私は彼にたずねました。「恐怖、窮迫、苦悩などはあなたの心から独立していると思いますか。それとも心につきまとっていて直ぐにあなたを襲い、あなたを神経衰弱にする実在物だと思いますか」とききました。

「違います。病気、恐怖、また悩みは私の心から独立してはいません」と彼は答えました。

「あなたがこれまで聖書を読んでいらしたとは私には思われませんね」と私は言いました。

「ほんとに読んだのです。毎晩寝る前に聖句を読みました」と彼はきっぱり答えました。

そこで私は言いました「なるほど、全聖書の中で最もすばらしく、病気を癒す美しい聖句の一つをヨブ記から選んでお教えしましょう。あなたは神と和らいで、平安を得るがよい。そうすれば幸福があなたに来るでしょう」（ヨブ記第二十二章二十一節）。

私は続けて言いました、「あなたは聖書は読んだが、明らかにあなたの心は事業の支障からくる窮迫緊張に夢中になっておりますね。今あなたはその日の問題や心痛から自分をそらし、あなたの中にある広大無辺な力を実地に知らねばなりません。広大無辺な力は普遍的で宇宙のすべてのものを創造した力でもあるのです。この最高の力と英知をあなたが悟り、受け入れ、そして求め始めれば、それがあなたに答えを与えます。そしてあらゆる心配や当惑を克服できましょう。

毎日の当惑や苦労、試練に精力を費やさないことです。またそう言うものに支配されてはなりません。それらを超越なさい。あなたの中の広大無辺な力の所に行って、更に今よりもずっと強くなる英知の補給を受けることができるのです。するとあなたはその日の試練にも競争にも良く堪えることができて、すべての問題の中で何か良いことを経験できるのです。その上にあなたの自信と平静さがいちだんとめだつようになるでしょう。

今後は、あなたの心を神の英知と力に集中しなさい。あなたの心は穏かになり、すべての活動の面で今よりももっと効果的になります。もし必要ならこの聖句を一日に一千回でも暗唱することを実行してみなさい。あなたは神と和らいで平安を得るがよい。そうすれば幸福があなたに来るでしょう。あなたの心から苦労をとりはずしなさい。そしてあなたの中にある広大無辺な癒す力にあなたの注意の焦点を合わせなさい」。

彼は感謝して申しました。「あなたの精神的な薬を実行してみましょう」。

一ヵ月が経過しました。そして彼から電話をうけました。彼は何度も何度もヨブ記からの聖句を使用したと言っていました。ハンドルを握って飛行機で飛び出そうとするたびごとにいらだったり、やきもきしたり、プンプン怒ったりする代わりに彼はヨブ記の聖句を肯定しました。今は彼は心の平和を得て自分の感情を制御し、もはや緊張や圧迫感の犠牲を蒙らなくなっています。

★要約……記憶すべき真理の歩み

1　困難や障害を克服する時大きな喜びや満足を覚えます。その上、これが私どもの精神や心の道具を鋭く砥ぐ方法でもあり、また私どもの内なる神を発見する方法でもあります。

2　何かを売りたいと思う時、あらゆる障害物をじっと考えたりしないで、むしろ心の中で神の広大無辺な秩序にあてはまる正しい買手に売却されることに同意しなければなりません。あなたが求めているものは、あなたを求めているのです。引力の法則は正しい買手にそれを買うようにしてくれるでしょう。

3　商売や職業で熱意を込めていっしょうけんめいに適用してみようと努力してえた成

功に責任を持つならば、同時にあなたの失敗、病気あるいは不和に対してもあなたは責任を拒否するわけにいきません。成功するか失敗するか、健康か病気か、平和か苦しみか、どちらにでも広大無辺な力を使用する自由をあなたは持っているのです。

4　自殺をしたいと思う衝動やコンプレックスを抱いた男は、困った問題や烈しい心の煩悩からのがれるための答えを探しているのです。しかし、それは彼の心の中にあるのですから、問題から逃げることはできません。彼は心であって、体だけではないのです。もし体を殺せば、彼は別の体を着るだけでなお困り、当惑したままなのです。肉体の外部で生きるということを彼に教えてあげなさい。そして彼がこの体を離れまたは体を壊わす時は、浄化し希薄になって第四次元の体を着るのです。広大無辺な英知が彼の問題を解決し彼を解放することができるのです。彼がそれを要求する時、その答えを得ます。人間は不滅です。永遠に生きます。死は存在しません。人はこの世で自分の問題に遭遇し神の力によってそれらを解決するのです。

5　夜の暗闇の後には夜あけが来ます。神の光は心の暗黒を明るくします。心の暗さは恐怖または絶望感から来るのです。精神的なジャングルに迷いこんだ時には、静かにすわって心も体もくつろぎなさい。そうして、あなたに気を配り保護し安全な所にあなたを導く広大無辺な英知があるのだということを知りなさい。日の光があなたにさし、すべての影が消え去ります。

6　あなたの中の広大無辺な善きものに心をとどめることによって圧迫や緊張をあなた

は克服します。

第十四章　広大無辺な力とあなたの未来

エマーソンが言ったように「あなたは一日中自分が考えているとおりになる」から、現在あなたの考えによってあなたは自分の未来の形態を創造しているのです。あなたの現在の考えを変えなさい。そうすればあなたは全生活を変えるのです。あなたの中にある広大無辺な力をあなたは導くことができます。それによってあなたの生活経験を制御することができます。あなたの心の中にたいせつにしまっておいた願望をあなたは実現することができます。

考えやイメージまた思いつきや夢や霊感が浮かんだり消えたりする時、あなたの心はたえず動いているのです。あなたの世界は習慣的なあなたの考え方と一致してたえ間なく変化しているのです。あなたは自分で成功も失敗も富も貧乏も健康も病気も安泰も苦痛も、あなたの意識する考えと潜在意識の考えによって創るのです。彼は心（潜在意識）の中で勘定する人のように、その心はあなたに真実ではない（箴言第二十三章七節）。良くても悪くても、あなたの抱いている考えはどれでも意識的に受け入れられれば、潜在意識の中に植えつけられ、その種類どおりに表われます。だからあなたがあなた自身の未来を創造するのです。

新しい未来をどのように得るか

二、三週間前に大きな手術を受けた男の人を見舞に私は病院に行きました。彼は腎臓が完全に役目を果さなくなってしまっていたのです。彼のために祈ってくれと私に頼みました。「もう未来は私にはないのです。まだ四十歳なのですが、だめです。私の家族はどうなりましょうか、残されてるのはただ祈ることだけです」と申しました。

私は、彼の肉体やあらゆる器官を造った広大無辺な癒す力が彼を元どおりに癒すことができると進んで信じることが、彼の治る第一歩だと彼に話しました。そしていっしょに次のように祈りました。

あなたの体とすべての器官を造った広大無辺な癒す力は、あなたの体の過程と機能のすべてを知っていて、奇跡的に癒す力があなたの体のどの原子にも全部行き渡り、あなたを健康にすることを知っている点でも私どもは今一致しています。あなたの器官はすべて神のアイデアであって、それらは今全能の力の助けによって完全に役目を果しているところです。

約十五分後に私どもの祈りは答えられました。というのは彼の腎臓が働き出したのです。彼の外科医はたいへんにそのことを喜びました。彼は今家族のもとに帰って完全に健康を取り戻しました。彼は最近私と相談しているときにこう言いました。「私の未来は保証されています。私の未来は私の現在の考えがだんだん大きくなったものなのです」。

神の善さと神の指導と彼自身の考えを創造する力を信じることが、常に彼の生活に表わされることをこの男は知っています。この態度で、彼は調和、健康、平和そして豊かさに満ちた輝かしい未来を自分のために築きつつあります。

未来に対する責任

数ヵ月前に私は一人の男性と会見しました。この人は環境や運命や不運を嘆き、神やまたしっくりいかないというので親戚の人たちを非難していました。そこで私は、彼は神のすべての財宝を利用できるのだと説明しました。神の財宝とは、健康、富、愛、平和、調和そして広大無辺な力のことです。彼は考え方しだいでこれらと即座に接触しうるのでした。彼の未来は、すぐそばまできていて彼が望むようにいかようにでもなるのですが、そのためには神の賜わり物を受けるように心を開かねばならぬということを私は強調いたしました。ここに彼のために私が書いた処方せんの公式があります。それを精神的霊的薬と私は名づけています。

第一段　あなたの注意を古い傷、悲しみ、恨み、心にわだかまる思い出からとりのけなさい。そして自責の念にかられることと他人のあら探しはやめなさい。

第二段　朝晩一定の整然とした建設的な考え方によって調和、豊かさ、安全、成功に関する精神的な型を潜在意識に植えつけるための時間を作りなさい。

第三段　即座に恐怖、心配、病気、敗北、落胆あるいはあらゆる種類の不足に関する考えをすべて頭から取り除いてしまいなさい。これは、あなたが直ぐに調和、平和、愛、喜び、正しい行為や神の導きといった建設的な考えに変えることで、否定的な考えをすべて焼却してすっかり灰にしてしまうことを意味するのです。

彼はこの精神的な鍛練を始めました。一ヵ月が経つと、生活のあらゆる面がたいへんにすばらしく変化してきたことに気がつきました。彼はこの新しい精神的、霊的な養生法に堪え忍んで、萎縮することなく、しっかりと離れませんでした。彼が心を変えた時、あらゆる物を変えたことを発見しました。彼の事業は繁栄しました。夜は今までよりもよく眠れましたし、他人を非難するのをやめました。そして足どりも軽やかに前進しています。

「私の未来とは、私の見えない考えが見えるようになったものであることを私は明らかに理解しました」と彼は私に言いました。この真理こそ彼を自由にしたのです。

より良くなるために遅すぎることはない

近頃私は一人の婦人に、未来とは彼女自身の手中にあるものであり、彼女の生活なのだから文字どおりどんなことでも好きなようにできるのだと説明いたしました。その真理は、実際に彼女が自分の未来を変えようと思えば変えられるという意味です。

今まで彼女は自分の未来は神の手中にあって自分自身の運命を決めることも新しく創ることもできないのだと考えていたのでした。

彼女は母親から、神が最善を知っているので、彼女はくるものを受け取って満足しているべきだといつも彼女に言い聞かせていたと申しました。私は、彼女にそれは真理ではありません、あなたが先手を打たねばなりません、神すなわち広大無辺な力はあなたによって、あなたの考えと想像を通す以外に彼女のために働かないのですと、説明しました。

彼女は聡明な計画をたて、成功者が自分の仕事をきり回すのと同じように規律正しく能率的に自分の生活を管理することを決めました。私は、次の精神的なテクニックを彼女のために略述しました。彼女は一日三回これらの真理を心をこめて肯定するべきであり、反対の考えによって相殺されさえしなければ考えていることがそのまま現われるのだということを深く理解させました。

私は今私自身の未来の設計をし詳細に計画しているところです。私は神の子であって考えたり感じたり想像したり行動したり、再演することもできます。この瞬間から以後私は調和、健康、平和、豊かさ、神の正しい行為、幸福また愛を選びます。これらの考えが大地に植えられた種子に似ていることを知っています。それはじゅうぶんに発達するために完全なプログラムをその中に含んでいるのです。同様に私の潜在意識は、心の中に私が埋めているすべての精神的な種子の生み出し方を知っています。私の考えと感情が私の運命を創ることを私は知っていて、そのことを喜んでおります。

三週間も経たないうちに上述のテクニックと祈りを行なうことで彼女の顔色は良くなり活力に溢れうれしげで幸福と喜びが彼女の生活に現われてきました。その後若い物理学者と結婚した彼女は世界一周旅行にたちましたが、すばらしい精神的な変換を経験しています。またそれによって彼女の生活が明るく美しく愛らしくなったのです。彼女が自分の中にある広大無辺な力の創造的なハケグチになるようにしてからは、彼女は満たされた生活をしたいという正常な願望や要求は賢いやりかたでかなえられるのだということに気づいたのでした。

「私が神の子であって、神が私をとおして解放されてご自身を現わすということ、また私が自分自身の未来を創造するのだということを知るのはすばらしいことです」と彼女は私に申しました。

なぜあなたは未来の計画をたてているのか

あなたは「常に」未来の計画をたてています。なぜなら将来のためになにかを考え計画しているとすれば、あなたはそれを今考えているからです。同様にあなたが遅滞や故障また将来の計画を妨げる障害を恐れているとすれば、これらのことをあなたは今考えているのです。広大無辺な心の中には時も場所も存在しません。永遠のみが今あるのです。それは時間も空間もなく同時にどこにでもいる、すなわち遍在するものなのです。

週末に外出して憂うつな月曜、暗い月曜がくることを予期している人たちがたくさんいます。その人たちは、意識的に自分たちの未来を暗いものだと決めつけています。すると潜在意識がそれ相応に答えてしまうので当然月曜という日はその人たちにとってはゴタゴタした憂うつな日になるのです。十中八、九その人たちは前もって計画してこのように自分たちの未来を創造してしまったのでした。

未来をほんとうに変えたいと思う時には、あなたの考えや感情、行為または反応を変える決心をすることです。あなたの心が広大無辺な心の一部であり、広大無辺な力が善というあなたの考えと共にあることを悟る時、あなたは神の中に新しく誕生することができるのです。あなたは生まれ変わって、心を更新して輝やかしいすばらしい未来を建設できるのです。

生活に直面するのに必要なものを発見した婦人

二、三年前にアイルランドのベルファストにあるサイキック・サイエンス・カレッジで講義中、一人の若い婦人と会見しました。その婦人が「私は苦労やいろいろの故障を処理したり、生活の諸問題に遭遇した時それを解決する力を持っておりません。私は離婚しています。私は自分が嫌いです。私は善良ではないのです」と申しました。

私は、彼女の境遇は習慣的になっている否定的な考えとたえず自己批判と自責の念に駆られているために起こったのだと彼女に説明しました。それらのことが希望や信仰、自信、熱意の泉を毒していて、肉体的、精神的破壊をもたらしているのでした。別の言葉で言えば、彼女は精神的に自分で産んだ毒に毒されていて、彼女の中の生きている神の聖所の神聖をけがしているのでした。

私は彼女に心の法則を説明して、彼女は自分の潜在意識に蒔く物をたえず刈り取っていることを指摘しました。また彼女がほかのすべての人と同じように問題や挑戦や困難を征服するために、勝利の生活に至るためにここに存在するのだということや、彼女が神の子として立ち上がり勇敢に生活にぶつからねばならないのだということ、また彼女の中の莫大な広大無辺な力を現実に知って役だてねばならないことを説いてやりました。

私は、かの有名な飛行士、エデー・リッケンバッカーと仲間たちが難破して太平洋を筏に乗って漂流した時の話を彼女にきかせました。リッケンバッカーは食物を求めて祈りました。そうしたら一羽の鷗がやってきて彼の頭に止まったままいつまでも逃げないので捕えて食物に役だてました。彼は救出されることを祈りました。彼が救い出されたことは言うまでもありません。彼は自分を保護する神の英知と力を信じたのです。そこでその答えがやってきたのでした。というのは信じて求める時には広大無辺な力があなたに答えるからです。

この若いアイルランドの婦人はこのエピソードに深い感銘を受けました。私は次の祈りを彼女に教えて、それは条件反射を彼女の心につけ直す過程なのだと説明しました。否定的な考えが心に浮かんだ時はいつでも、それは自責の念と自分をおとしめて考える破壊的な考え方の習慣のせいだと知って、直ぐに精神的な考えで、それらを押しのけるべきだと話してきかせました。これが、彼女が朝晩約十分間大声で繰り返すはずのお祈りであります。

私は神の子で神の経路です。神は現在ここに私がいることを必要としているのです。さもなければここに私はいないでしょう。神の愛、命、真理そして美をもっとたくさん表わすために私はここに存在するのだということを知っています。私としての役割を果し、人類に貢献するために私はここにいるのです。私は与えるものをたくさん持っています。

私は愛も笑いも喜びも自信も善意もあらゆる人々にすべての動物に神の世界のすべてのものに与えることができます。私は自分の中にある神の贈物を刺激するためにここにいるのです。たとえてみれば、私は精神的な庭師です。私が蒔くとおりのものを生活で刈りとることがはっきりとわかります。生活は乞食にとって鏡ならば王様にとっても同じように鏡であります。私が生活に与えるものはどんなものでも生活が拡大して増殖してあふれんばかりに私に返してくれるのです。私の心の庭に私は平和、愛、善意、成功、調和そして喜びというすばらしい種子を植えつけます。

私は否定的な破壊的な考えを抱いた自分自身を許します。すべての親戚にあらゆる所にいるすべての人々に愛と善とを注ぎます。他人を許してしまえば、心の中にその人たちを思い浮べてもなんの苦痛も生じませんから私は自由であることを知るのです。

私は潜在意識に植え込んでいるすばらしい種子の果実を絶えず引き出しています。私の考えは種子のように形になって機能したり、経験や状態として表わされたりすることが私にはわかっています。これらのことについて私は考えます。広大無辺な力が善き私の考えと共にあり、私は平和なのです。

彼女は右の祈りを勧めに従って朝に晩に十分間繰り返しました。そうして彼女の眼がこの真理を見、また耳がこの真理を聞いたことを悟ると、この視覚と聴覚の二つの機能があいまって働き出して彼女の確認の力を強めたのでした。二、三週間後に私は次の手紙を受けとりました。

親愛なるマーフィー先生、わたしたちはみんなベルファーストでなされた講義を喜こんでおります。あなたは多数の者の目をお開きになられました。私はぜひこの私に起こった変化をお知らせしたいと思います。

先生のおっしゃられたとおり、私は祈りました。一、二日するとまるで魔法にかけられたように私の魂に巣くっていた苦々しさが消えてしまいました。私はダンスの講習に参加いたしました。お店では販売部門の責任者に昇進しました。その上、支配人代理が私にプロポーズをしたのです。私たちは半年後には結婚する予定です。私は自分自身と親類の者を許しました。

毎日毎日を新鮮に新しい日として生きています。私の考え方感じ方また想像の仕方で私自身の未来を予言できることを私は知りました。ほんとうにありがとうございます。さようなら。

心を入れかえて運命を変えたセールスマン

数ヵ月前に若いセールスマンが私に会いにきました。彼は自分のボスとうまくやっていくことができなかったと言いました。自分の販売の分担額をあげるのに失敗して仕事を失い金に困っていました。二、三百ドル借りようとハリウッドに住んでいる姉に会いに十マイルも歩いてきました。しかし彼の姉は彼が酒を飲むことをやめ女遊びをやめないうちは一文もやらないと言って拒絶し、冷く彼を追い出しました。彼は簡易宿泊所で眠りました。そしてこの親切な事務員が私に会いなさい、そうすれば助けてもらえるだろうと言ったことを私に告げました。私は、彼と一時間いっしょに過して、彼が泣きじゃくりながら悲しみや落胆した話や以前のボスや援助を拒んだ家族の人々に対する怒りや恨みを告げるのに耳を傾けていました。

彼は教会の一員で、すべての規則、教義、教会の儀式の執行にまた礼拝式に宗教的に忠実に従っていて、毎日曜日の朝にはかならず礼拝に出席しているのですが、なおなにもかもみんな裏目に出ると言っていました。この若者は自分が落ちぶれていくことで神にすら怒りを感じているのでした。

多くの場合、説明が治療になります。私は忍耐強く親切に命令された規則、礼拝式、教義また永遠の見地からの教会の教理すべてを守りそれに従うことができても、彼の考え方は否定的で破壊的なのだということを説明いたしました。もし彼が刑罰を与えるものとして神を信じたり、あるいは神が彼に対して不公平だったと思えば、そんな信仰は自動的にめんどうや苦労をもたらすのだと私は話しました。言え換えれば、彼は自分を苦しめる者になり、失敗、不足、不運を自分自身に招くのです。これは彼が信じるように彼になされるからです。

まず第一は自分が誤まっていたことを認めることだと彼に説明しました。そうすれば生活のあらゆる面を完全に変えることができるだろうと言いました。彼に与えた私の精神的霊的処方は次のようなものでした。

「偉大なセールスマンとなったあなた自身の像を心に描いてみなさい。そして親戚の者や私が新しいすばらしい地位に昇進して目ざましい成功をおさめたことであなたにおめでとうと言っていると想像なさい。しばしばこの心の映画を写してご覧なさい。そうすればあなたの中にある広大無辺な力があなたにすばらしい好運をもたらし新しい地位に導き発展させてくれるでしょう」。

私が勧めたことをしようと彼は決心しました。ボスや親戚のみんなに対する恨みを直ちに克服はできませんでしたが、彼はその人たちのことを考える時はいつでも静かに「私はあなた方を解放します。神があなたと共にあるように」と言って祝福いたしました。二、三週後には彼には全く悪意も遺恨も敵意もなくなりました。

彼は、今ロサンジェルスのある有力団体の管理職について情熱をかたむけて活躍しています。彼は生まれ変わった人間らしく力、熱意に輝いています。このことは、「あなたの考えを変えなさい。そうすればあなたは未来を変えるのです」という昔からの教訓が正しいことを示しています。

★要約……記憶すべき諸点

1　あなたは自分の未来に形態を与えて新しく創造します。あなたの未来は空間のスクリーンに表わされる現在のあなたの考えであります。

2　あなたの心、体、環境を変える第一は、あなたの体を作った広大無辺な治癒力があなたを癒し、あなたの生活にあらゆる種類の祝福をもたらすことができると知ることです。広大無辺な力は全くすばらしいのです。

3　あなたは自分の未来に対して責任をとらねばなりません。そして縁戚や神、生活、宇宙を非難することをやめなければなりません。考えの仲介を経て、即時に広大無辺な力と接触し、あなたがそうありたいと願うように自分の未来をすることができます。

4　一定の整然とした建設的な考え方によって、成功、繁栄、豊かさ、正しい行為、調和またじゅうぶんな表明についての精神的な種々の型を心に植え込むように朝、晩一定の時間を作りなさい。

5　あなたが自分の心に蒔くものはなんでも空間のスクリーンの上で刈り取るのだという簡単な理由によってあなたの未来はあなた自身の手の中にあるのです。未来が神の手にあり、あなた自身の発意は関係ないのだと考えることは全くの迷信であります。あなたの考えや感情が運命を新しく創るのです。

6　あなたは常に未来の設計をすることができます。もし未来のことをなにか計画しているのならば、あなたはそれを今この瞬間に心の中に計画しているのです。同様にもしあなたが遅滞、障害、妨害を恐れているならば、あなたは今これらのことを考えることで恐れている遅滞を創り出しているのです。広大無辺な心の中では時間も空間もありません。すべては今も永遠につながっています。あなたの心の中に今すばらしい栄光に輝くものを計画しなさい。

7　種々な挑戦や問題や困難に勇敢に直面しなさい。問題はそこにあるが、神もまたそこにあることを自覚しなさい。その時どの問題も神の力によって競争相手をしのぐのです。神の子として問題に対して立ち上がり、それを解決しようと勇敢に苦心しなさい。そうすれば広大無辺な力は即座にあなたを助けにくるでしょう。あなたが始めれば、神も始めるのです。

8　あなたの考え、感じ、想像、行為や反応の仕方で、あなたは自分自身の未来を予言するのです。

9　あなたはすべての規則、教義、儀式の次第や特別の教会の礼拝式に忠実に従っても、それだけではみじめになり失敗し不幸になることもあるのです。あなただけが自分の考え方や信じ方に責任があるのです。

10　あなたの思考生活を変えなさい。そうすればあなたは運命を変えることになるのです。

第十五章　変動の世界を乗りきるには

「原理の勝利以外にはいかなるものもあなたに平和をもたらすことはできない」とラルフ・ワルドー・エマーソンが言いました。心の原理を知ることは、あなたの平和、落ち着き、平衡または安全を増すことになります。

たとえば技師は橋を建設する時には数学の原理に従います。彼は圧力や張力を理解して、決してまちがいのない不変の原理に根拠を置く複雑なさまざまの科学的計算を理解しているのです。同様に化学者も物理学者もこれらの力の下にある普遍的な法則と原理の支配を受け入れます。

心の広大無辺な法則と原理を発見し、健康や幸福また精神の澄んだ落ち着きの原理に従った生活をしなければなりません。心の法則は創造的で力強い本の中でも最も優れた聖書に繰り返し繰り返し述べられています。そしてそれが信仰の法則なのであります……あなたの信じたとおりになるように（マタイ伝第八章十三節）。

信じるとは何かを真実だとして受け入れることです。あなたの顕在意識が真なりとして受け入れたものは善くても悪くても、すべて潜在意識が実現します。あなたという人間は自分がそうなろうと思った者であり、また自らがそうありたいと感じ信じた者なのです。その真理を朝昼晩熟考しなさい。そうすれば変化の激しい世の中においてあなたは平和を得るであります。

最後に、兄弟たちよ。すべて真実なこと、すべて尊ぶべきこと、すべて正しいこと、すべて純真なこと、すべて愛すべきこと、すべてほまれあること、また徳といわれるもの、称賛に値するものがあれば、それらのものを心にとめなさい（ピリピ人への手紙第四章八節）。

アルコール中毒者が心の平和と自由を見い出すまで

私は数カ月ほど前、妻に捨てられ二人の娘にはもはや父親と認められず、話しかけられもしなくなったアルコール中毒者と会見いたしました。彼はたいへん落胆して憂うつな様子でした。アルコールを断ちたいという誠実な願望をもつことこそ治癒の第一歩だと私は説明しました。彼はそうすることを即座に承諾しました。第二段階は、彼の中のすべての渇望をとり去って悪癖から自由にしてくれる広大無辺な力があることを理解することでした。

私は彼に飲酒の習慣がなくなったために私がお祝いを述べていると信じてその光景を心の中で相像して描き出すという簡単な精神的テクニックを日に数回実行するようにすすめました。およそ四週間約五分間ずつ彼はこれを実行し続けました。

遂にこの心に描いた光景が彼の経験に具体化され、新しい型の習慣が生まれました。飲酒の習慣が除かれたと考え、感じているうちに、精神的にそれに相当するものが徐々に形成されていって遂にこの心に描いたものが具象化されたのでした。「私は自分の心の力を発見しました。飲酒の習癖がなくなったのです。以前には知らなかった穏かな澄みきった気持に浸っております。ありがとうございます」と彼は私に申しました。

あなたは神と和らいで、平安を得るがよい（ヨブ記第二十二章二十一節）と聖書に書いてあります。この男性は自分の考えと想像の力を実地に知りました。すると彼の中にある広大無辺な力がそれに答えたのでした。心の原理を発見して、その原理をあなたの生活に建設的に使用する時あなたに平和がやってくるのです。

苦しみを忘れて平静を取り戻した女性

数ヵ月前私は地方の病院に入院している婦人を見舞に行きました。彼女はひどい高血圧と激しい大腸炎を患っていました。彼女は自分の以前の誤りや過失のすべてを数え上げては自分と自分の愚かさを責めておりました。彼女は私に会社で彼女をひそかに傷つけていた別の女性を嫌っていたことを話しました。彼女は潜在意識の中でもつれきった破壊的な感情のために完全に動きがとれなくなっていました。

しばらくの間私は彼女といっしょに静かにすわっていましたが、それからアメリカ心理学の父と呼ばれるウィリアム・ジェームズの「天才の特徴は何を大目に見るかを知ることだ」という言葉を話してきかせました。この意味は、もしあなたが完全に健康になって平静な心をもちたいと思うならば、過去から顔をそむけねばならない、すなわち許して忘れねばならないということなのです。

私は聖書の一節を引用して、それが心身の健康をもたらすのに役だつ最も偉大な治療法の一つだという事実を強調しました……後のものを忘れ、前のものに向かって体を伸ばしつつ、目標を目ざして走り、イエス・キリストにおいて上に召して下さる神の賞与を得ようと努めているのである（ピリピ人への手紙第三章十三節十四節）。私は彼女に、「あなたが求めている賞与とは心の平和なのです。もし心の平和が得られれば、あなたはまた体の平衡と安定が得られます。平和とは平衡、均整、平静、沈着を意味し、それらは無限なるもの全生命すなわち神と一つものだという感覚に起因しているのです」と説明しました。

イエスは病人たちに言いました……あなたの信仰があなたを救ったのです。安心して行きなさい（ルカ伝第八章四十八節）。なぜなら彼らの心は混乱し調子がはずれて、内心の争い怒りでいっぱいでしたから。

私はこの婦人に電波の指示する方向に戻り、はかりしれない平和をまた見い出すことができるし、心の平安は生活からの現実逃避でも退却でもないということを説明しました。逃避や退却どころかそれは反対にあなたが他人の幸福にほんとうに関心を持つ建設的な心の態度であり、あなたが独創力や愛に満ちてすべての人に対して善意に溢れた活気のある創造力を持つ人であることを示すものなのです。

私は、彼女が用いるようにと次の祈りを書き与えました。

私をこれまで傷つけた人をすべて率直に許します。彼らを永久に解き放ちます。その人たちの誰かを考える時はいつでも私はその人を祝福します。私は過去を忘れ、完全な健康と調和と平和の輝かしい未来に注意いたします。私の心は落着き、澄み渡って静かです。私をとりまく平和と善意のこの雰囲気に浸って私は深い持続する力を感じ、すべての恐怖からのがれたことを悟ります。今私は広大無辺な治癒の存在の愛と美を悟り、感じています。私の平和は深い不変の広大無辺な平安すなわち神の平安であります。

毎日しばしば彼女はこの祈りをいたしました。約二週間が経って私が再び見舞った時には、非常に病状が良くなったのを感じて彼女は喜んでいました。その翌日彼女は治ったと告げられて病院を退院したのでした。「私の病気はすべて憎しみだったことがわかりました。今私は自分の内心が清らかなことを感じています。ほんとうに平安こそ健康であり幸福なのです」。

真の落着きを得た経営者

二、三年前ホノルルでの講演の後、一人の著明な実業家が非常に重大な問題を抱えていてぜひ私に助けてほしいからその晩いっしょに食事をしていただけませんかと私に頼みました。彼は洗練された節度のある金持で常識もある人のようで、落ち着いているように見えました。しかし親しく話し合っているうちに、彼の内心は敵意や遺恨や圧迫された怒りに満ちてまるで煮えたぎる大鍋のようになっていることがわかったのです。

「心の平和を得ることができましょうか。澄み渡った心を得るにはどうすればよいのでしょうか？　どんなふうにしたらそれらを得ることができるのでしょうか。私は夜眠りたいのです」と彼は感傷的に私にたずねました。

もちろん私は彼に基礎的な平静と静寂との得方を話してから、こう言いました。「真の力は内部の静寂から生まれて来ますし、静かな澄んだ心はいろいろなものごとを成就させます。神は平和であり、あなたという人間の中心にいるのです。聖書に書いてあります。私は平安をあなたがたに残して行く。私の平安をあなたがたに与える。私が与えるのは、世が与えるようなものとは異なる。あなたがたは心を騒がせるな、またおじけるな（ヨハネ伝第十四章二十七節）。あなたは（すなわち神は）全き平安をもってこころざしの堅固なものを守られる（イザヤ書第二十六章三節）。

「毎日事業の苦労や闘争のまった只中にあるとき信じきって自信をもってあなたの心がいつも神に留まるようにしなさい。そうすれば平和という神の黄金の川があなたの心の中に流れるのがわかるでしょう。あなたの持っている最善のものをあなたの仕事に与えなさい。独創的でありなさい。そして生活の善きものを促進しなさい。あなたが自分に望むものをすべての人たちのために望みなさい。隣人の目的にあなたの才能や能力を寄与しなさい。余りにもあなたは自分自身に夢中になりすぎています。

私があなたに与えた聖句を暗記しなさい。そして毎朝仕事を開始する時、事務所の中に閉じこもってこれらの広大無辺な真理を肯定しなさい。それらのなかの治癒する特質のあるものがあなたの心や体のあらゆる原子の中に流れていることがおわかりになるでしょう」。

「すでに今までよりも気分がよくなってきています。私の問題が何なのか、またその答えはなにかということがわかりました。その答えは私の心を問題にではなく神に留めておくことによって自分自身に平和をもたらすということなのです」と彼が言いました。

　昨年私がハワイを訪れた時、再び彼に会いました。彼はまったく別人になっておりました。彼は自分の中に澄み渡る平安を見い出したのでした。彼の家庭の塀の周りをこの美しい魂を感動させる精神的な宝石で縁どっていたのです。あなたは全き平安をもってこころざしの堅固なものを守られる……（イザヤ書第二十六章三節）。

境遇に左右されないためには

「静寂の中心点は空を引き裂く台風の中央にある」エドウイン・マルカムは言いました。飛行家は大きな旋風や台風の中ではまっすぐ中心に飛び込めば静寂と凪のあることを知っています。あなたの中心にもあらゆる喜悦、完全な平和、無限の愛、完全な調和そしてあらゆる喜びである広大無辺な力が住んでいます。広大無辺な英知の長所や美点に精神的に、感情的に波長を合わせなさい。そうすればあなたが精神的に元気づけられ補充されて穏かになることがわかります。

　あなたの心は外部の世界からはいってくるすべての宣伝、意見また誤った印象に対して感受性の強い中間物なのです。これらの印象の中には善いものもいくらかはありますが、多くは非常に否定的な性質のものであります。あなたの心が広大無辺な力に波長を合わせて聡明に籾殻と小麦とをえり分けないと、否定的な誤った印象が根づいて、病気や混乱、恐怖や煩わしい事態を引き起こすのであります。

世間の大勢の心は、善悪両方の力を信じ、病気や苦悩や不運やあらゆる種類の破局を信じています。もしあなたがこの浮世の人々の信じることに耐えて、広大無辺な力に波長を合わせることを軽視すれば、あなたは災難や試練や苦しみに会わねばならないのです。……勇気を出しなさい。私はすでに世（大勢の心）に勝っている（ヨハネ伝第十六章二十三節）と聖書に書いてあります。勇気を出しなさい。広大無辺な力を知ってあなたのすべての問題を征服しなさい。今あなたの心に調和や平和、愛、喜びそして正しい行為が満ちるようにしなさい。あなたに先天的に備っている神が与える種々の力を知るようになりなさい。それは癒し、祝福し、鼓舞し、高め、威厳を添え、あなたの魂を喜びで満たすようないろいろの考えに注意し献身し愛情をもつようにしてくれることもできるのです。

あなたは常にあなたの心を支配している考えの方向に動くのです。

広大無辺な力とあなたに答える癒す存在に気づきなさい。その信頼が、あなたの心にも魂にも満ち溢れる時、あなたはあらゆる障害を乗り越えて自分自身を高く、あなたの中にある休息の港に舞い上がらせることができるのです。そしてあなたは神の広大無辺な力をもってすればあらゆることは可能だという信念を持ち続けることができるのです。

困難に直面してこの心の態度を維持する時あなたは世間（反対の信念や現世の恐怖またまちがった信仰）を征服することができます。あなたは詩篇作者が語った者のように存在するでしょう。このような人は流れのほとりに植えられた木の時がくると実を結び、その葉もしぼまないように、そのなすところは皆栄える（詩篇第一篇三節）。

この変動の激しい世の中で落着きを得るための祈り

平和は私とともに始まります。広大無辺な力の落着きと平和が私の心に満ちています。善意の精神はすべての人類に向かって私から出て行きます。私は最も高きものの神秘な場所に住んでいます。私の家族全員、同僚たち、いたるところにいるすべての人々が、あらゆる面で神の力によって幸福で栄える生活を表わすようにすばらしく導かれることを心から愛情をこめて要求いたします。広大無辺な平和の川は私の心と魂の中を流れ、私は平和と善意とをあらゆる所にいるすべての人々にまきちらします。私は常に正しい行為と神の愛の無限の勢力範囲に封じこめられて、取りまかれています。

広大無辺な英知である神の聡明さが私の知恵に油を注いで清めてくださることを自信と信仰をもって肯定し、勇敢に要求いたします。いと高きものの指示を私は与えられています。不和のある所に調和を、苦痛のある所にやすらぎを、憎しみのある所に愛を、悲しみのある所に喜びを、いわゆる死の存在する所に生命を私は見ます。すべての私の愛する人々や仲間たちは私の祈りの中に含まれています。そして神の愛情の勢力範囲はその人々全部に行きわたります。もしほかの人と面倒を起こした場合は、私はその人を気軽に許します。私は完全にすべての苦しさ、敵意を解き放します。他人の中に神の姿を見、その人のために健康や幸福、平和をそして永遠の広大無辺な英知の祝福を私は望みます。

私は惜し気なく私の愛、私の理解また私の富を与え、神の指図によって無限の財宝を他人に分配いたします。はかりしれない神の平和が私の精神にも心にも今もそして永遠に満ちています。

見るものすべてが変化し、朽ちて行く、されど変わることなき汝こそ、吾と共に永遠にあれ。

★要 約●●●●●記憶すべき最重要点

1　広大無辺な原理の勝利以外には、なにものもあなたに平和をもたらすことはできません。あなたの心の広大無辺な法則を学び、平和、落着き、平衡、平静、安全を経験なさい。

2　あなたとはあなたが考えるところのものなのです。あなたは自分がそうありたいと信じるところの者です。心の法則は信仰の法則なのですから。

3　あなたは祈りに対する答えが得られて、友人か、愛している者があなたにお祝いを述べているところを想像することができます。そしてあなたの心の中の映画をしばしばうつし、心の写真をいつも信じていると、あなたの描いた心像どおりになり、現実にその答えが出てくるのです。

4　考えや心像を用いてあなたの中にある広大無辺な力と知り合いになりなさい。そうするとその力はあなたの要求の性質に従って答えます。あなたはアルコール中毒でなくなろう、他のどんな悪い習慣をも断ち切ろうと熟考することができます。そうすると広大無辺な力はあなたの切望するものをもたらし、弱点を取りのけてくれるのです。

5　天才の特徴は見のがすべきものを知ることにあります。過去の誤り、苦情、苦痛をあなたは忘れねばなりません。そして完全な健康やしあわせや心のやすらぎをあなたが望むならば自分をも他人をも許さねばなりません。
6　やすらぎの心は生活からの逃避でも退却でもありません。反対にそれは活気ある生
活の仕方なのです。それによってすべての障害物に直面して、広大無辺な力と神の知
恵のおかげでそれらを征服するのです。あなたが独創的であり、他にまさって、した
いと思うことをなし、他人のしあわせと至福に寄与し、すべての人々への愛と善意に
満ちている時、あなたは力強いやすらぎの感じと心の中の安息を得るのです。
7　真の力は内心の安息から生まれます。静かな心はものごとを成就させます。神は完
全なやすらぎであって、あなたという人間の中心に住んでいます。神という存在に波
長を合わせ　神のやすらぎの川をあなたによって流れさせ、あなたの魂を復活させな
さい。
8　あなたの才能や能力を隣人の善い目的のために寄与しなさい。そして他の人々を高
めなさい。また建設的であるすべてのことのために、人類を祝福するあらゆるものの
ために働きなさい。
9　すべてを知りすべてを見ている広大無辺な力にあなたの心をいつも留めておきなさ
い。そうすればそれはすべての涙を拭い去り、あらゆる問題を解決します。あなたは
全き平安をもって志の堅固なものを守られる。彼はあなたに信頼しているからである
（イザヤ書第二十六章三節）と聖書に書かれています。
10　静寂な中心点は空を引き裂く旋風の中心にあります。困ったり当惑したり、うろた

えたり恐れたりした時にはあなたの心の車輪を止めて何度も何度も「平安、静かであれ」と言いなさい。そうするとあなたはたいへんに穏かになります。

11　やすらぎも落着きもあなたと共に始まるということを記憶しなさい。あなたは広大無辺な平和と愛とを求めることによって精神と心とを満たすことを経験し、はかりしれない平安を実際には体験するでしょう。

第十六章　苦労を征服する方法

苦労が長引けば生気も熱心さも精力も奪われて、肉体的にも精神的にも破壊だけが残されます。精神身体医学の医者は、長期の苦労は喘息、アレルギー、心臓障害、高血圧その他、数えきれない病気の原因となると指摘しております。悩める心は、混乱し分裂し真実でない事柄をあれこれと当てもなく考えているものです。しかし悩みは心の法則の適用によって解決可能なのです。

あなたの問題はあなたの心の中にあります。あなたには願望があり、その願いを実現すればあなたの問題の解決となるのです。しかしあなたが条件や情況をあるがままに眺めていると、否定的な考えが心にはいってきます。するとあなたの願望とあなたの恐怖心との戦いが始まるのです。あなたの心配事は否定的な条件をあなたの心が受け入れたことから生まれるのです。

あなたの願望は、生活をより高めるようにとあなたに言っている神の贈物です。神すなわちあなたの中に在る生きている全能の霊に挑戦する力はなにもないということを悟りなさい。それから自分に対して断言しなさい。神（広大無辺な知恵）は私にこの願望をくださいました。それで全能の力が今私を支援し、願いごとが叶えられるための完全な計画を示していてくださいます。それ故私は安んじてそれを確信しています。恐れや心配があなたの心にはいってきた時には、神があなたの願いや理想、計画や目的を神の秩序で現われるようにしてくださることを思い出しなさい。そして日が明け、影が消え去るまでこの心の態度を保ち続けなさい。

事業の苦労をどう征服するか

最近私はある実業家と会見しました。その人の医者は彼に体にはどこにも異状がないが心配が慢性化して「不安ノイローゼ」という神経症に罹っていると言ったのです。「私が成功や繁栄や更に多きな富について祈り考えるたびごとに、金や仕事や将来のことが心配になってくるのです。それが私を疲れさせています。それでひどく疲労しているのです」とこの男が私に言いました。成功や繁栄に関する彼のビジョンは、慢性化した心配で、はばまれてしまって、いらだたしい気分が無益に彼の精力を消耗したのでした。

彼が不安ノイローゼを征服した方法は次に示すようなものでありました。彼は一日三、四回自分だけを見つめる時間を持ち始めて厳粛に宣言いたしました。

しかし人のうちには霊があり、全能者の息が人に悟りを与える（ヨブ記第三十二章八節）。この全能の力は私のうちにあり、私があるべきように、行なうように、また持つようにしてくれるのです。全能のこの英知と力は私を後援してくれて、私のすべての目的を成就してくれます。全能の英知と力について几帳面に整然と考え、私はもはや障害や遅滞や邪魔や失敗などを考えません。絶えずこの線に沿って考えると私の信仰と自信が築かれ、力と落着きが増して行くことが私にはわかるのです。と言うのは、神が私たちにくださったのは、臆する霊ではなく、力と愛と慎みとの霊なのである（テモテへの第二の手紙第一章七節）からです。

約一ヵ月ほど経って、この男は生まれた時彼の中に神の助けによって植えつけられた体力や能力や英知がひそんでいることに気づくようになりました。彼は広大無辺な英知の精神的な治癒にあずかって自分の苦労に打ち勝ったのでした。

母親は心の中の恐れをいかに追い散らしたか

約一年前心を取り乱した母親が私を訪ねてきて、ベトナムにいる息子のことが心配でたまらないと話しました。そこで私は朝晩息子と自分のために用いるように特別のお祈りを教えました。その後彼女の息子がベトナムから戻ってきて結婚し、落着いたのでした。ところが彼女は再び以前と同じように心配して私に会いにまいりました。私は、彼女が問題は解決してしまっているのにまだ心配していることを思い出させました。

第二回目の訪問の時には彼女は息子が悪い娘と結婚してしまったかもしれないと悩んでいました。しかしその娘がすばらしい妻であることを彼女は実際には認めているのでした。でも彼女はこう申しました。「始終息子夫婦の子供が死んで生まれるかもしれない、障害で誕生するかもしれないと私は心配いたしましたが、私の嫁は完全な子供を生みました」。この母親は彼女の息子の家庭の経済状態を心配していました。

この婦人は自分が心配していると思い込んでいることに実際に心を煩わしているのではありませんでした。彼女の現実の苦悩は彼女の心中の不安感であって感情的に彼女は未完成だったのでした。彼女に話しかけながら、私は彼女に彼女が自分で恐怖心を創り出しているのだと示すことに成功しました。そこで彼女は内心の不安感を本物の安心感に置き換えたのでした。彼女が使用するように特別の祈りを書いてあげました。

最も高きものの神秘な場所に住む者は全能なる者の影の下に住みます。私は最も高き者の神秘なところに住んでいます。これは私自身の心なのです。私が心にいだいた考えはすべて調和、やすらぎそして善意と一致します。私の心は幸福、喜びそして深い安心感の住む場所です。私の心にはいって来るすべての考えは、私の喜び、やすらぎそして一般の至福に寄与いたします。私は善き友情と愛と団結の雰囲気の中に生活し、私がその中にいるのであります。

私の心の中に住む人々はすべて神の子供たちです。私の家族全員とすべての人々と共に心の中で穏やかになっています。私が自分に望むその同じ善きものを私の息子にそして息子の家族のために望みます。今神の宮に私は住んでいます。やすらぎと幸福を私は要求します。と言うのは神の宮に私が永遠に住んでいることを悟っていますから。

日中しばしば彼女はこれらの真理を繰り返して言いました。するとこれらのすばらしい精神的な言葉が彼女の潜在意識の中心にあった病的な心配を解消し、跡かたもなくしてしまいました。彼女は、否定的な考えを絶滅するために使用できる精神的な貯えがあることを発見しました。そして彼女の心をこれらのすばらしい精神的な真理に浸したので、あらゆる善き物への深い信仰を捕えるようになりました。そして今では彼女は最上のものを喜んで期待して暮しています。

心配を征服する近道

ある銀行家が最近心配を征服する簡単で実際的な祈りを与えてほしいと私に頼んで来ました。そこで毎朝その日の仕事の始まる前にひとりになって精神的にも感情的にもこれらの真理と彼自身が同一であると見なすことをすすめました。

私は神の中に住み、その中で動き存在しているものです。そして神も私の中に住み、動き存在しているのです。私を取りまいて、くるんでいる神聖な広大無辺な力に私は浸っています。私の心は神の心であり、私の霊は神の霊です。私の中にあるこの無限のものは唯一の存在であり、唯一の力であります。いかなる方法にもそれは打ち負かされることはないし、はばまれることもなく、裏をかかれることもありえないのです。それは強力で聡明でどこにでも存在いたします。

この無限の力と考えを通じて精神的に結ばれる時、どんな問題よりも私がより偉大であることを知ります。私は雄々しくすべての苦難、すべての問題ととり組み、神のようにまさっていることを知るのです。そして私が必要とするどんな体力も精神力も独創的なアイデアも自動的に神聖な広大無辺な存在によって私に与えられるのです。幸福で調和して、なごやかに私の内部に無限なるものが微笑みを浮べてゆったりと休養して横たわっているのを知っています。私は今無限のものと波長を合わせます。そうすると無限の英知と力と知恵が私の生活の中で力強く活発になるのです。これが私の存在の法則です。そして神の平和が私の魂に満ちるのです。

この銀行家は、自分が何をしているのか、なぜそれをなすのかを理解しました。「私がこれらの真理を肯定した時、それが意識する心から潜在意識に精神的に浸透していく方法で私の体のあらゆる原子を通して落ち込んで行くのを想像いたします」と彼は私に話しました。銀行で彼に会いますたびごとに、彼は生活に起こったなにかすばらしいでき事とか同僚たちに関するその種のことをつけ加えて私に語ります。彼は穏やかで明朗で落着いて平衡がとれています。彼は心の平和がものごとを遂行させることを知ったのです。

●自動車旅行がこわい

あるセールスマンは、ひどい自動車事故に会ってから都心で自動車を運転するたびごとにひどい不安にかられました。そこで私は彼にごく簡単なコツを教えました。そして心の中に同時に二つの考えを持つことはできない、つまり旅行を恐れながら同時に旅を祝福することはできないと彼に説明しました。自信と安心感とをもって心配を押しのけねばなりません。彼は自分の自動車を次のように祝福し始めました。

私の車は神の車です。車は神の思いつきです。その創造は万人に共通する一つの広大無辺な心から生まれたのです。私のあらゆる行動を、これが指導し指図してくれます。私が自動車を運転する時、神の法則と秩序が私を支配し、自由に愉快にいつくしんでくれる中を私は町から町へと行くのです。私は路上を走るすべての他のドライバーを祝福し生活のあらゆる祝福をその人たちのために望みます。私は神の使節です。私の自動車のあらゆる部分は神の思いつきで、完全に働いていることを私は知っています。私はいつも落着いて穏かで冷静です。常に聖霊によって機敏に生き生きと活気づけられています。この愛は私をとりまき、私の道をまっすぐに喜ばしく完全にしながら私の前を行くのです。いつも私は愛の神聖な円で周りをとりかこまれています。それはすばらしいことです。

過去三年間彼は事故を起こしませんでしたし、召喚状も交通違反チケットも受取りませんでした。彼はこれらの真理で自分の心を満たし、彼に付きまとっていたあらゆる心配や恐怖を自分の心から押し出してしまいました。「路上にいる間中私は始終あの祈りを用いることを習慣にいたしました。全部を記憶し、そして自分の精神的な考えのより高い振動がより低い心のおののきを払い落してしまうことを知りました」と彼は申しました。

このセールスマンは心配も恐れもしません。祈りがものごとを変えることを彼は知ったのです。

目に見えない仲間

私はデトロイトの薬屋にいきました。すると薬剤師がカウンターの後にくるようにと私を招いて、調剤室の上にある看板を見せてくれました。わたくしはわざわいを恐れません。あなたが私と共におられるからです（詩篇第二十三篇四節）。彼の店は三回も強盗団に略奪され、彼は襲われて二度も頭に銃をつきつけられました。彼との話の主だった内容は次のとおりです。

「私は詩篇のあの名言について考えます。するとそれが祝福となって私の心に降りかかるのです。私は日に何度も神を私の仲間として要求します。神はより高き私自身であり年上の仲間です。神は私を導きそして見守ってくれます。神の能力と知恵は即座に私に役だちます。私は独りではありません。店も私自身もまたすべての私の顧客たちも神の愛の円で取り囲まれていることを知ってますから、安心だと今感じています」。

この薬剤師は恐怖、不安、心配という問題に遭遇して、それを征服したのでした。過去四年間彼はなんの苦労もなく夢想だにしなかった繁栄を続けております。彼は自分の心配がばかげた考えからくることを知って、今ではまっすぐに考える人になりました。

とり越し苦労をやめた教師

ある教師はあらゆる苦労を征服する方法は自分の苦労を分解することだと私に話しました。彼女は苦労の種を持ち上げて理性の光に当て、それらを分析し、細かに切り分けてみて、それから「それらは真実なのか、それらはいずこからくるのか、それらにはなにか力があるのか、その背後には重大な要素があるのか」と自分自身に問うてみるのです。

冷静な合理的な考えで彼女は自分の心配を解体し、そしてそれらが虚偽の妄想に耽る自分の心の影であることを悟ったのです。彼女の窮極の要約は「私のような教育を受けた学校教師が実体のない影を心配しているなんて、考えてもごらんなさい」ということなのです。彼女は自分の恐れを笑いとばして話を終わりました。

感情的な発作が癒された

私の友人は心臓が悪いと心配しているので、心臓病の専門医の診察を受けるようにいいました。専門医は心電図をとり、「君の心臓は正常である、君の唯一の問題は君が感情的な発作に罹っていることと心臓が悪いという不合理な考えに取りつかれてしまっているらしいことだね」と彼に告げたのでした。

まちがった考えがなくなるまで巧妙かつ鋭敏に心に詩篇の第二十七篇の内容を染み込ますべきだとその医者は言いました。二、三週間後には発作はなくなりました。彼は善い考えを何度も何度も繰り返すことによって置換えの偉大な法則を実行し、遂にその心があなたを自由に穏やかにする真理をつかんだのであります。

高血圧の心配を消す

ちょっと前に会ったときは良く調整のとれた落着いた人柄だった男性が、ひどく心配して私に会いにやってきました。主治医が血圧は二百以上になっているし、もっと呑気に構えてくつろがねばいけませんよ、と彼に話したからでした。「私は平気でいることができません。

することが多すぎるのです。それに私の会社の繁忙は恐ろしいほどなのです」と彼は私に言いました。彼は些細なつまずきや心配が長いこと積み重なったことで実際、悩んでいたのでした。

私は、生活のどの事実も変化の法則の支配と影響のもとにあるという偉大な真理について解説いたしました。古い讃美歌は「周り中に変化と衰退を私は見る。変わることなきあなたは私と共に住む」と歌っています。神は変わりません。神は昨日も今日も永遠に同じでありますが、すべての事情や環境や事柄といったものは交替しやすいのです。創造されたものはどれもいつかは消えてゆきます。「これもまたなくなるだろう」という格言はいつもほんとうなのです。

私は彼にこの真理を当てはめるべきだと提案いたしました。永久に病気でいるなんてできないこと、すべての問題にぶつかってそれを征服するためにここにいるのだということ、また精神的にもそうするようにあらゆるものが備えられているのだということを教えました。

まず第一段階は、病気と仕事の苦労から注意をそらして彼の体を作り、彼に内在する創造的で広大無辺な力が彼を癒し、もとに戻すことを信頼しなければならないということでした。医者が処方した薬に付け加えて服用するようにと、次の精神的な処方薬を私は彼に与えました。そしてこの真理を肯定し、信じるようにと提案しました。

一日中周期的に世間の腹だたしさや闘争から注意をひっこめて、私は神に戻り神と交わります。すると心も頭も肥えていくことがわかります。そして神の平和が私の心に溢れるのです。神は私に完全な解決、私が遭遇する問題すべてに完璧な考えを啓示してくださいます。私は物の外観を拒絶し、私の中にある無限の力の主権を肯定します。神が私を導いていて、神の正しい行為がこの上なく私を支配するという真理に熱中して夢中になっています。不思議な広大無辺な治癒力が、私の中に流れ込んで体のあらゆる原子に今浸透しているのです。神の平和な流れが私の頭にも心にも流れこみ、私はくつろいで落着いて穏やかで冷静でいられます。私を創った神の存在が今私を完全に復活させてくださっていることを知ります。そして今生じている治癒に対して私は感謝いたします。

こんなふうに一日に数回規則正しく肯定して、彼はその日の悩みやいらだちから自分の分別を救うことに成功しました。そして一ヵ月経つと定期健康診断で正常の血圧になったことがわかりました。彼は精神が更新し、彼の体が健康を取り戻したことに気づいたのでした。仕事の緊張や繁忙が彼を妨げるような時には、「このようなものはどれも私を動かしはしない」というのが彼のモットーになっているのです。

彼は、広大無辺な知恵や神を心の中でほめそやすので、彼の問題はしだいに小さくなってきています。だれも彼を怒らせませんし、刺激もしません。そして神の力のおかげですべての問題を解決し、あらゆる挑戦にいどむのが妥当だと感じています。彼は自分の内部の精神的力の言葉で自分自身を再評価しています。私は山に向かって目をあげる。わが助けは、どこからくるであろうか（詩篇第一二一篇一節）。

心配を追い払う祈り

深く感情をこめて毎日肯定しなさい。

私は恍惚として固唾をのまずにいられないような神の広大無辺な存在について新しい強い確信を得ております。澄みきった感じと自信となにものをも恐れぬ気持になっています。恐れるものはなにもないこと、すなわちしりごみすべきものがないことを私は知っています。

というのは神は存在するすべてであり、どこにでもいるからです。私は神の中に住み、その中で生きて動いているのです。だから恐怖というものは私にはないのです。私の周囲は神の愛でかこまれていて、平和という神の黄金の川が私を貫いて流れ、すべて順調にいっています。

私は他人も情況もでき事も環境も恐れません。神が私と共にあるからです。神への信仰が私の魂に満ちています。それで恐怖心がないのです。私は今もまたいつまでも神のいますところに住みます。だからどんな恐怖も私に触れることはできません。未来も恐れません。神が私といっしょにいるからです。神は私の住む所であり、また神の全具足で私は囲まれています。神は私を創造し支えているのです。神の知恵に私は導かれ、左右されます。だから誤ることはありえないのです。「神は呼吸よりもより身近な所にあり、手足よりもより近くにいます」という偉大な真理を心の中で知っていますから今私は神が存在するという信念を褒め称えるのであります。

★要約●●●●●毎日復習する真理

1　心配というものは、神や神の広大無辺な知恵を信じるよりも問題や壊滅を信じるほうがより大きいために起こります。心配事は広大無辺な心の法則を適用することで解放できます。

2　心配は、あなたの願望や理念と恐怖を伴った考えとを争わせることから生じるのです。あなたの願望は神の広大無辺な贈物であり、あなたがそれを培って信仰と自信をもって支持する時、それが実現するということを悟りなさい。

3　不安神経症は根強い心痛を意味します。慢性的な心配というものは真実でないことをいろいろ迷って考えることから起こるのです。心配事は消極的な習慣であります。あなたの中にある全能の力が、あなたが望むようにしてくれ、あなたが必要なものを与えてくれることができるのだと悟ることであなたの悩みを征服しなさい。この真理をじっと考えなさい。そうすればしだいにあなたの心配事は小さくなっていくでしょう。

4　あなたは自分が心配していると考えているものをいつも心配しているわけではありません。慢性的な悩みは、元来不安感と神と神の広大無辺な慈愛から遠ざかっているという感覚から生じるものだということを記憶しなさい。あなたの心配事の創造主はあなたであり、また広大無辺な知恵の考えでそれを押しのけることのできるのもあなただということを悟りなさい。これはあなたを自由にする交替の偉大な法則なのです。

5　あなたの中にある最高の力は打ち負かされもそこなわれることも、いかなる方法をもってしても妨げられることもありえません。それは全能であって、あなたがこの神の存在と広大無辺な力とに結合して考える時、この力はあなたの中で積極的になるのです。

6　広大無辺な知恵があなたの前を歩いて行って、あなたの行く手の道をまっすぐに、喜ばしくしあわせに、安全に地ならしをしてくれることを悟りなさい。するとあなたが使用する自動車でもどんな交通機関でも安全な旅行をするようにと祝福できるのです。

7　神はあなたの仲間であり、どんなわざわいも恐れないということを悟りなさい。神の影を投げかける存在と広大無辺な力とが常にあなたを見守っていることを知りなさい。そうすればあなたは歓喜に満ちた生活を送るでしょう。

8　心配ごとをばらばらにほぐして広大無辺な理性の光に当ててみてごらんなさい。そうすれば実はそれらには実体がなくて、ただあなたの心の中の不合理な影の錯覚にすぎないことがわかります。心配の種を笑いとばして影と戦うことをやめなさい。

9　病気になるのではないか失敗するのではないかといった考えに取りつかれたならば、世の中の悩みと恐れの最も偉大な解毒剤である詩篇の第二十七篇の真理を巧妙に根気強く徐々に心にふき込むことによって心の中に凝り固まっていた誤った考えを散らしてしまえることを悟りなさい。繰り返しと頑張りによってあなたの心はあなたを自由にする真理をつかむでしょう。

10　世の中のものはみんな消え去るのだということは偉大な真理です。あなたは永久に苦しむわけにもいかないし、病気でいることもできないのです。いかなるものも皆、その反対のものへと変化していくのです。「これもまた過ぎ去るのだ」。

第十七章　考えを広大無辺な力に結びつける

思想が世の中を支配すると言われます。思想は常にそのとおりに行動します。ラルフ・ワルドー・エマーソンは「思想は共に応じることのできる人達だけの財産である」と言いました。彼はまた「人間とは一日中その者が考えている者だ」とも申しました。

あなたは自分の考えを尊敬し、健全な関心を持つことを学びなさい。通常の心の平静と同じようにあなたの健康、しあわせ、人生の成功は、思想の力にあなたが気づくかどうかで大きく決定していくのです。

思考はものであり、思考はそのものを演じてみせるということをあなたは聞いたことがおありでしょう。あなたの考えは精神の振動であり、また明確な力であります。あなたの行為はあなた個人の考えの外面的、世間的な表示表現にすぎないのです。もしあなたの考えが聡明ならば、あなたの行為もかしこいでしょう。あなたがある考えを思いついて熟考する時、あなたは実際にはその潜在的な力を行為するように放散させているのです。「われわれの考えはわれわれのものだ。しかしその結末はわれわれ自身のものではない」とウイリアム・シエイクスピアは言いました。

真実な、美しい、高尚なものならなんでも考えなさい。そしてあなたの考えの権威を確信しなさい。あなたの考えの広大無辺な力を信じなさい。そうすれば、考えれば考えどおりになるということにあなたは気づくでしょう。あなたが真実だと考えたり、感じたりするものは、なんでもあなたの生活の中に持って来れるのです。あなたの思考と気持があなたの運命を創造するのです。

あなたの考えが関係する限りにおいて気分は利害関係を意味します。これは彼が心のうちで勘定する人のように、「食え、飲め」とあなたに言うけれども、その心はあなたに真実ではない（箴言第二十三章七節）という聖句の意味なのです。あなたが真に自分の職業、仕事、特別な任務に興味を持つ時、あなたはそれに関心があるから成功するのです。あなたは自分の考えの実現を心の底で考えまた感じているのです。そしてそれは「心で考えている」ことなのです。思考の力に自信をもって考えなさい。そうすればあなたの生活に奇跡が起こるでしょう。

難問を解決した探偵

昨年私はある探偵と話をしました。その時彼は何ヵ月も困っている事件があって解決や指図のことをいろいろ考えていたが答えがやって来ないということを私に語りました。それはむずかしい事件で、犯人が国を去ってしまっていることだし、彼は自分の捜索がほとんど絶望的だと信じ込んでいたことを私は見破りました。

まず第一に彼がしなければならないことは、心の中で信じていることと考えていることを（彼が心の中で感じていることの性質）変えるべきだと私は彼に申しました。実際には彼は二心を持っているということ、そして彼の潜在意識の無限な広大無辺な英知は全知全能であり、盗みに加わった犯人たちの居所を彼に示すことができるということを悟って、心の中でそれを信じて変えるのだと彼に言ってきかせました。彼は自分の祈りや考え方は矛盾していて、頭では一つのことを言っているが、心の中では別のことを言っていたため、なんにも起こらなかったのだと直ぐに悟ったのでした。彼は次の式文を用いました。

私の中にある無限の英知が主権を握っていることを深く信仰しそして確信しています。私は今偉大な製作者である、私のいっそう深い心に、この特別な事件が解決するように要求を引渡しているところです。私は潜在意識からその答えが自動的に生じることを知っています。私の心のこの信仰がこの瞬間に神の秩序で働いていることを知って私はその答えに感謝いたします。

毎夜彼は、常に新鮮な最初の時の感激をこめて潜在意識に自分の要求を引渡しました。そのために絶えず自分の考えの型を強めました。一週の終わりにはこの祈りが潜在意識のいっそう深い層にはいり込むことに成功し確信に達しました。

八日目の朝彼が顔を剃っている時、南カリフォルニアのある小さな町のことが彼の心に突然ひらめきました。彼は仲間といっしょにそこに行き、酒場にいた犯人二人を見出して逮捕いたしました。そして盗まれた宝石を取り戻しました。彼は、疑いもなく広大無辺な権威をもって考えることの奇跡を立証してくれたのでした。

インドから来た人の奇跡

比較的最近、パーム温泉で私が講義しておりました間に「十六年前にあなたがインドで私に言ったことを覚えておられますか」とスパア・ホテルで会った一人の男にきかれました。
私は、その人のことも私が話したということも思い出せませんでしたが、彼がその時のことを話して私に思い出させてくれました。彼はアメリカにきたがっていましたが、旅券入手のこと、割当制度や財政上の困窮そして合州国に友人を持っていないことなどのいろいろの困難があって迷っておりました。そこで私は、彼はただ障害やむずかしいことや妨げばかり考えて周囲の事情や条件に左右されているのだと言ったのでした。このように考えるのは真実な考え方ではありませんでした。心というものは考えるものを拡大するので、そのようなことを考えるのは愚かで不合理なことでした。
十五年以上も前に私が彼のために書いた祈りを彼は見せてくれました。

無限の英知が私の考えに答えてくれます。なぜならその性質は感応し易いからです。そして神の秩序で私が合州国へ行く道が開けるということを私は知っております。私は満足する答えが出るまで静かに興味をもってこのことについて考えます。私の要求に対する答えを静かに生き生きといとしんで考えている時、私は潜在意識の想像上の知恵を活動的にしていることを知るのです。すると潜在意識が引き継いで、私の願望の実現のために必要なすべての手段を私に取らせてくれるようにするのです。

約一ヵ月間朝に晩にこんなふうに黙想に耽ったと彼は言っていました。その月の終わりに彼はあるアメリカ人の企業家と会って、その人のガイドとしてインドの多くの場所に案内したのでした。そのアメリカ人は彼にすばらしい感銘を受けて、ニューヨークまでの渡航をキチンと整えてくれて、その上すばらしい俸給で彼のおかかえ運転手として雇ってくれたのでした。

この男は彼が精神的にしていることを理解していました。そして彼の考えを刻みつけた潜在意識はニューヨークの企業家の心に影響を与え、インドでのこの男の願望を達成できるようにしたのでした。

あなたの目標にあなたを到達させてくれるように見える人々は、すべてあなたが人生のドラマを展開するのを援助するためにより深いあなたの広大無辺な心がまねきよせた使者にすぎないのだということを記憶しなければなりません。

広大無辺な力で考える

「私が真実に考えているということをどういうふうにして知るのですか」と最近私にある男性がたずねました。それは良い質問であります。私の答えはこのような簡単なものであります。永久不変の真理と神の広大無辺な真実の見地からあなたが自分の心を活動的にしている時、あなたは考えているのです。そしてそれは昨日も今日もそして永遠に同じなのであります。新聞の見出しやラジオの宣伝や伝統、ドクマ、信仰箇条または周囲の条件や環境をもとにして反動している時にはあなたはほんとうの意味の言葉で考えているのではありません。

質問をしたこの男性は、当然のこととしてロサンジェルス・タイムズの特別欄寄稿家たちの思想を丸飲みにしていたにすぎませんでした。そして地方や州の政治家たちの考えで彼はいっぱいでした。彼の考えは何もなくて、あるのは他人の考えばかりだったのでした。そして主として消極的な性質のものだったのです。

彼は直ちに気がついて自分で考え始め、精神的な判断の標準として次の聖句をえらんだのでした。

すべて真実なこと、すべて尊ぶべきこと、すべて正しいこと、すべて純真なこと、すべて愛すべきこと、すべてほまれあること、また徳といわれるもの、称賛に値するものがあれば、それらのものを心にとめなさい（ピリピ人への手紙第四章八節）。

何か考えとか思いつきとかが提出された時にはいつでも、二つの対立する思いつきや考えの中間で判断しそして精神的な原理の見地から真実であるものについて心中で結論に達するのでした。

ときおり失敗の不安が生じた時にはいつも勇敢に次のように肯定いたしました。「広大無辺な無限なものは失敗するはずはありません。私は成功するために生まれました。成功は今私のものです。潜在意識の無限の英知は答えて私に力と強さを与えてくれます。そして私はその答えが必要なのです」。

彼は今神について真実であるものの見地で考えています。それは真の広大無辺な考え方なのであります。もはやどんな恐れも心配も彼の考えにはありません。彼の心は澄み渡っています。

否定的な考えを克服した母親

自分の息子が小児麻痺に罹ったことを心配してすっかり取り乱した母親が最近私に会いに来ました。テレビやラジオの癌の談話も彼女を悩ましていました。自分にも何か癌の兆候があるように想像したのでした。吹く風も彼女に悪い影響を与えるように見えました。実際には彼女は考えていませんでした。彼女は恐怖と世間の消極性を受け入れてそれに反作用を起こしていたのでした。

私は、彼女の心に広大無辺な考えの力を明らかにし、どの考えもさらに強烈で力強い反対の考えによって破滅されさえしなければ現実となって現われる傾向があることを述べ、また真実な精神的な考え方は完全に恐れや心配を伴わないものだと説明いたしました。彼女の恐れていることは、全部噂や誤った信じ方またまちがった物の見方への反作用にすぎないということを認め始めました。言ってみれば彼女は、創造的な広大無辺な力が彼女の中に存在して彼女が与える考えに答えて直ちに流れるのだということを悟る代わりに、外見に原因を作り出していたのでした。

彼女は今後自分の心の中で籾がらと小麦、誤ったものとほんとのもの、恐怖と理想とを切り離そうという単純で率直な結論に達しました。すべての恐怖は、誤った見解、外形、まちがった声、世間の宣伝に重きを置いていたことによるのだとはっきりと彼女は悟ったのでした。

近頃この婦人は大声で次のように言うことにしています。「この宇宙で私が唯一の考える者であり、私の考えが創造的だと考えるのはすばらしいことです。すべての暗示、宣伝、条件、世の中の情況は創造的ではなくて単に示唆するものであり、すべては私の創造的な考えによって変化を蒙るということは驚くべきことであります。そして私が神の考えを思う時、神の力は善きことを考える私とともにあるのです」。

彼女は広大無辺な真理という有利な地位で考えますから、今は彼女は積極的に建設的に考える人になりました。

広大無辺な考え方で得た治癒

私は、すっかりうろたえてとり乱した婦人と、父、母、妻、子、兄弟、姉妹更に自分の命までも憎んで、私のもとにくるのでなければ、私の弟子となることはできない（ルカ伝第十四章二十六節）という聖言の文句について長いこと話し合いました。

この婦人は昔からの伝統的な宗教を離れてしまっていました。彼女の両親はその宗教の信者で彼女を批判していました。そこで彼女は両親が自分に下した永遠の罰についての暗い宣告を深く恨んでいました。

彼女の精神的な動揺に対する治療法は説明することでした。聖書の「憎む」という言葉ははねつける、拒絶する、またまちがった観念を持った心の迷いを解くということだと私は彼女に指摘いたしました。その意味は彼女が調和、健康、平和、完全そして人生のすべての祝福という立場から独りで考え始めるべきだと指し示したのでした。

換言すれば、精神的な広大無辺な考え方では両親に敵対するとか、反対するとかということはあるわけがないのです。両親は違った宗教的信仰を持つかもしれませんが、彼女はその人たちが望むものを信じさせるべきですが、その人たちに対して神のあらゆる祝福を望むという意味で彼女がその方々を愛すべきなのです。そして彼女はいつもその人々のことを親切に愛情をこめて考えるべきなのです。しかし両親の宗教的信仰はなんら憎悪もにがにがしさも持たずに心の中で拒絶して完全にはねつけるべきなのです。私は、イエズスは比喩を使って男女に生命の知恵や永遠の真理に従い神と生命と宇宙に関するあらゆる誤った信仰や概念を拒むことを話されているのだと説明いたしました。

愛と善意をどのように得たか

両親に対するすべての恨みや怒りを捨て去って、自分の中にある神の存在を崇拝し尊敬し傾倒した時、彼女は自動的に心の中に自分の両親や世の中のすべての人たちに対して愛情と善意をもつようになったことを悟りました。愛とは広大無辺な法則を遂行することなのです。

うわべだけ有徳な男

二、三ヵ月前私はある男と会見しました。その人は「私は酒も煙草も勝負ごともしませんし、不義もいたしませんのに損や不運や事業の失敗に苦しめられています。それで精神的な不調を治すために精神病の医師のもとに二年以上も通っておりますがいっこう効果がありません。なぜ神は私をそんなに罰するのでしょうか」と述べました。

彼はあるギリシア正教会の教徒で、彼の教会のあらゆる規則や教義を形式的な見地から小心翼々として信奉して、毎朝毎晩祈り、神に忠実な善良な人間だと自ら信じていました。それがいまや彼は、神に対して不平を言い、どなり、神は彼を公平に扱ってくれないと言い出したのでした。

私はこの男に彼自身の心の単純な働きについて教えました。そして彼があらゆる規則や法規を守り、宗教の儀式をすべて実行しても、あらゆる種類の制限や試練や苦難や損害らが誤った考え方とがまちがった信仰によって彼の上にもたらされるのだという事実を説明して、彼のすべての苦労の根拠を明らかにしてやりました。

神が（彼の中にあるいと高き英知）彼を罰しているという彼の誤った考えが、彼は心のうちで勘定する人のように、「食え、飲め」とあなたに言うけれども、その心はあなたに真実ではない（箴言第二十三章七節）という彼の心の法則そのものによって彼のすべての困難を引き起こすのでした。実際に彼は、誤った信仰によって自分自身を苦しめ悩ましているのでした。その上に自分は事業や他の冒険で実際に失敗を引き起こした失敗者だという恐怖をもっていました。

私は、また不義を犯すとか、道徳的でいるというのは体ではないのだということを指摘しました。体は、心によって動かされる時動くものです。精神的に遂行されるとおりに体はふるまうのです。あなたの体はあなたにまちがいを犯させたり盗みや強盗や金品をまきあげさせたりはできません。あなたは精神で何かを命令します。するとその精神的命令に体が従うのです。あなたの考えや感情があなたの生活を支配し、あなたの種々の経験の原因になるのです。

あなたの意識する心と潜在意識との相互作用は、あなたの生活のあらゆるでき事の基礎であります。あなたが顕在意識で誤った、不正な決断を下すようになれば、あなたの潜在意識は善くにも悪くにも、無頓着に命令を受け、とり入れてしまいます。そしてあなたの意識する心が信じたとおりに事件や経験を発生させるのです。

この説明が彼は気に入りました。そして次の祈りを規則正しく朝に昼に夜眠る前に用い始めました。

私は神に心を止めます。そうすると私は完全になごやかに保たれるのです。この神の穏やかさの中に私は秩序と調和と神の愛を見出します。神のことばはすべて力をなくすことはありません。私の話すことばは勇気と活気に満ちています。私は私のなすべきあらゆる事柄の中にまた処理するものの中に神を認めます。私の心は神に止まっています。私の生活の中で働いている善の法則の活動によって私は祝福され、栄えているのです。

真理について私が述べることは、全部活気と愛と広大無辺な知恵の意図で満されています。私が話す言葉は、より深い私の心に強い印象を与えます。私の心の中に神が住んでいることを知るのは嬉しいことです。と言うのは神は私の命そのものだからです。これらの言葉は私の心に沈んでいきます。「見よ、われは汝と共に住む、神の人よ、そして汝はわれと共に住むなり」。

私が仲間を眺める時、人間の形をした神を見ていることを知るのです。私は祝福し、すべての人類に愛情のこもった考えを出します。今私はそのことばを話します。私のことばは創造的であります。私の中にあるより深い心は答えます。完全な健康と調和、そして家庭や心の平和また私のすることすべての平安を今私は命ずるのであります。

神が今あらゆる方法で私を導いていることと、無限の広大無辺な精神が私の行為をすべて支配していることとを私は知り信じています。私は潜在意識にそれを命じました。それは実現されねばなりません。私は永遠の宝石を私の心の中に見出したのです。

彼は大きな会社に雇用されていましたが数多くの昇進を受けました。そしてはかりしれない平安を見出したのでした。

抜きんでた出世をする法

ある美容師が、成功してもっとたくさんの金を儲けられないのかと私にたずねました。彼女はまた劣等感を持ち、自分が必要とされていないと不平をこぼしていてほんとうに自分を恨んでいました。

彼女は善良でも悪人でもありませんでした。そして普通の収入を得て都市の裏通りに住んでいました。彼女は自分のことを考えないで、平均の法則に従って作り出し、経験しているのでした。

この平均の法則というのは、私どもに突き当たってくる単なる大衆の心であり、自動的に病気や事故、不健全な状態や失敗その他あらゆる種類の不運を信じる一般人の心にすぎないのです。大衆の心は多くは否定的でありますが、しかしその中には良いものもたくさんあります。たとえば大衆の心に愛や平安や喜びや成功や自信の考え、また神の信仰、善きすべてのものを注ぎ込む精神的な考え方をしている無数の人々の建設的な考え方のようなものもあるのです。しかし消極性と無知に住む人々のほうがこれらのよい考えをしている人たちよりも数においてはるかに多いのです。だからだれでも平均の法則に全面的にたよって生活すべきではないのです。

もしあなたが自分で考えることをせず、広大無辺な意識の中にじっとしていないならば、あなたは感受性の鋭いあなたの心の媒介に突き当たってくる大衆の心の犠牲に自動的になるでしょう。それはあなたのあらゆる考え方をあなたに代わってするでしょう。そして結果としてあなたにあらゆる種類の拒否と苦労とをもたらすのです。

この若い婦人は、自分が経験してきたものはこれまで自分が考えていたことすべてに他人の考えと信念を加えたものだということを学んだのでした。彼女は今まで自分で考えていなかったからでした。彼女は意識する心を精神的に活動させ始めました。そうするとそれは直ぐに彼女の潜在意識の水準での行動の法則となりました。精神的な（広大無辺な）考え方と平均的な（大衆の）考え方のたいへんな違いを彼女は発見し始めました。

平均的な（大衆の）考え方では、あなたは自分の思考生活を統制しておりません。またあなたの潜在意識に正しい命令を与えてはいないのです。意識する心に意識して精神的な思いつきを選択させることを始めた時、これが自動的に彼女の潜在意識に印象づけられるようになり、奇跡が彼女の生活に起こり始めました。彼女は一日に数回次の祈りを黙想したのでした。

私は、神が私の中で動いている霊であることを知り、悟っています。神は私の内部の調和、健康、平安についての感じすなわち深い確信であることを知っています。それは私自身の心の動きであります。今私をつかんでいる確信と信仰の精神と感情は神の精神であり、私の心の川に接している神の行動であります。これが神であります。それは私の中にある創造的な力であります。

真、善、美が私の生涯のあらゆる日々に私の後に続いてくるという信仰と確信をもって私は生き、動きそして存在します。神とすべての善きものへのこの信仰は全能であります。それはすべての障壁を取り除きます。私は今意識の扉を閉じ、すべての注意を世間からひっこめます。私は内なる一つのもの美しきものまた善なるものに顔を向けます。ここで私は時間と空間を超越して私の父といっしょに住みます。ここで私は生き、動きそして神の加護のもとに住むのです。私には恐怖は全然ありませんし、世論も物の外観も関係がないのです。私は今は答えられた祈りの感情である神の存在すなわち私の善なるものの存在を感じているのです。

私が瞑想するものに私はなります。私がなりたいと思うものに私がなれるということを今感じます。これを感じること、これに気づくということは私の中の神の行為なのです。それは創造する力であります。祈りが答えられた喜びに対して感謝します。そして「それがなされる」という静けさの中で私は休息します。

この若い婦人は今は誇りをもって美容院の所有者になり、ますます発展して成功しています。

★要約……記憶すべき重要点

1　考えは世間を支配します。人間とは一日中彼が考えているとおりの者です。あなたの考えとあなたの生活における力に対して健全な関心を持ち尊敬することを学びなさい。

2　あなたの思考の力を信じなさい。そうすれば考えるとおりのことがなされることにあなたは気づくでしょう。

3　信じることと考えることは別々のものです。精神的な考えが百パーセント効果的であるためには、あなたは神（広大無辺な善）について、また神の法則に関してあなたの誤った信じ方を変えねばなりません。もしあなたが成功して成就することを考えても、失敗するのではないかと信じているならば、あなたの信じている失敗が表われるようになるのです。まちがった信じ方を変えて、成功するために生まれたのだということを悟りなさい。そうすれば成功するという考えがその時現実になるでしょう。あなたの中にある無限なるものは失敗するはずがないのです。

4　あなたの考えの中に恐怖も悩みもない時、あなたはほんとに考えているのです。あなたの考えに答える無限の広大無辺な知能があることを悟る時、あなたはほんとうに考えているのです。それは全知全能です。すべてを知っているのです。あなたの考えがそれに基づいて明瞭である時、潜在意識の無限な力が答えてくれるでしょう。そしてあなたにその答えを与えてくれるのです。精神的な考え方をすれば、あなたは自然に籾殻と麦を恐怖と願望とをえり分けるのです。そうすればあなたは自分の考えに答えてくれる唯一の力だけが存在するという明確な結論に達するのです。

5　創造されたものや外形に決して重きを置いてはなりません。換言すれば創られた物ならばなににでも重きを置いてはならないのです。あなたの考えに答えるあなたの中の創造の力にのみ重きを置きなさい。これがすべての恐怖を追い払うのです。

6　あなたが単に新聞の見出や無駄話やラジオの宣伝や他人の意見とか、まちがった信じ方などに反射的に同意している時には、あなたは考えてはいないのです。神と神の法則の立場から考え、判断する時にのみあなたは考えているのです。

7　あなたは、あなたの世界の唯一人の考える人なのです。そしてあなたは自分の思考に対して責任があります。他人の指図や他人の述べた話は重要ではありません。また神の真理に似ていないものはすべて拒絶することができるのです。あなたの魂を喜びで満たさないものは全部はねつけなさい。

8　聖書の「憎悪する」という言葉は否認する、拒絶する、また神についてのあらゆる誤った概念を受け入れることを拒むことを意味するのです。

9　神があなたを罰していると考えるならば、否定的な破壊的な考えからあらゆる種類の不幸と悩みとをあなた自身に負わせるにすぎないでしょう。

10　肉体は不義も犯さないし盗みもしないし、また詐取もいたしません、あなたの体はあなたに過ちを犯させることはできないのです。あなたは精神的に物を考え、命令するのです。そうするとあなたの体はあなたの精神の命令に従うのであります。

11　平均の法則は、平均的な心の考え方から成り立っている大衆の心なのであります。そしてそれは主として病気や不運や事故、破局またはあらゆる種類の否定を信じています。もしあなたが自分自身で考えることをしないならば、この大衆の心すなわち平均の法則というものがあなたに代わってあらゆる考えをしてあなたの生活に恐ろしい混乱を起こすでしょう。

第十八章　奇跡を作り出しなさい

K

広大無辺な心の法則は一般的な法則であって人々を顧慮いたしません。簡単な言葉に置き換えれば、その法則はあなたが考えるものをあなたが新しく創り出すことを、あなたが感じるものを引きつけるということを、あなたが想像するものにあなたがなるということを指摘しているのです。

数学、化学、物理、電気の諸法則は同じように一般的で人々を顧慮はいたしません。もしあなたが電気の伝導性や絶縁に関する法則や高電位から低電位の方に流れるという性質を理解していないならば、あなたは容易に感電死するでしょう。言い換えれば理解できないエネルギーに手を出すことは危険なのです。同じ規則が化学の法則にもあてはまります。あなたは原子量すなわち原子価の特殊な能力についてまた引力や反発作用の法則についても学ぶべきなのです。またあなたが有機や無機の化学製品を深く研究する時、すばらしい化合物を混合して作り出して数え切れない方法で人類を祝福する新発見を生み出すことができるのです。あなたがまちがいを犯せば、あなたは誤った結果を経験することになるのです。

行動も反動も全自然界に行き渡っている万人共通な特徴であります。それを陳述するもう一つの方法は、あなたが真実だと感じる考えは何であれあなたの潜在意識（法則）に印象づけられるのだということを指摘することです。そしてあなたの潜在意識は印象づけられたものは善くても悪くてもすべて気にかけていなくとも表現するのであります。

あなたの考えが良ければ、良いことが続いて起こります。考えが悪ければ悪いことが後からやってきます。たとえば今月あなたが新しい商売を開業しているなら、あなたは成功するために生まれてきたのだから成功はあなたのものだと信じて、自信をもって始めなさい。神の知恵と力また能力があなたのために働いていることを要求しなさい。そうすればその反動であなたはすばらしい成功者になり、商売はとんとん拍子に発展するということになりましょう。

その法則は初めも終わりも同じであります。あなたが確信の心構えで始めれば、あなたのビジョンは成功、勝利、成就を目指していたのです。そしてその反動はいつもあなたの意識する考えと感じとの正確な再生作用でありますから、あなたは正確なこの法則の答えを当然経験したのです。

夫の愛を取り戻そうとした妻

二十年間の幸福な結婚の後で夫が「浮気して」去ってしまったと、ある婦人が私にこぼしました。相談しにきたとき彼女は、数ヵ月前に夫の事務所を訪れたところ美しいブロンドの夫の新しい秘書に会ったと述べました。その秘書は優雅で美人でそして魅惑的でした。彼女は、嫉妬の苦しみを感じたことを認めました。私は彼女に、あなたの夫がその女性に興味を持っているのではないかと思って恐れ心配しましたかと質問しました。すると彼女は「思いました」と肯定いたしました。

私は彼女がしていたことについて詳しく話をいたしました。夫が浮気しているという考えや精神的な心象が潜在意識を通して彼女の夫の方に伝わっていってしまうこと、また主観的な心は一つのものなのだから彼女自身の潜在意識にもまたその考え方が印象づけられているのだということ、彼女が最も恐れていることに必ず襲われることになるのだということを彼女に説明しました。

彼女の考えが強烈で精神的な心象がたいへんに強かったため彼女の家庭生活の不幸は早くやってきました。

彼女は心の法則を非常に否定的な方法で使用して、それに相当した結果を経験していたのでした。

そこで彼女は私の提案に従って夫と事態についてあらいざらい話し合い、彼女が精神的にしていたことを夫に話したのでした。

すると、夫は自分の不貞を認めてほかの婦人と別れる決心をしたのでした。そして神の祝福を受けた愛のきずなが、再び二人を結びつけました。彼女の夫は心の法則については何も知りませんでしたが今は『眠りながら成功する』を勉強して毎日の生活にいっしょうけんめいに適用しようとしています。彼女の成功は、次のような祈りを朝に晩に用いたことから生まれたのでした。

私は夫が私の建設的な考えや心象をよく受け入れることを知っております。夫の心が平安であることを私は要求し、感じ、知っています。私の夫はあらゆる面で神によって導かれています。彼は神のための水路であります。神の広大無辺な愛が彼の精神と心とを満たしています。そこで私どもの間には調和と平和と愛と理解とがあります。私は彼が幸福で健康で陽気で明るく栄えるように心に描きます。すべての否定に対して確固としたゆるぎない不死身な神の愛の広大無辺な円が、彼の周りを取りかこみ、彼を包みます。

広大無辺な法則を建設的に用いた後では、彼女は心の混乱がおさまって自然な平和な心の状態を取り戻しました。そして神聖な夫婦のきずなが今日、夫との間を最高に支配しています。

「これで離婚するのは五度目だ。どこがいけないんだろう」

自暴自棄になっているらしい男が彼の結婚問題を解明してくれと私に頼んで来ました。彼の話しましたところによると、彼は良い妻を得たいと思って次々に五回も結婚をして、今現在の妻と離婚をしたいと望んでいると言うのです。

そこで私は広大無辺な心の法則を力説しました。そして彼の心の法則は全く正しく著しく公平に現われるのだということを指摘しました。林檎の木を生み出すのは林檎の種子であるように、人間という者は自分の心の底の状態を自分の生活のあらゆる面に正確に再現する、これが生活の法則なのであります。「内側にあるとおりに外側に。天（心）にあるとおりに地上（体、環境、条件、経験またでき事）に」表わすのです。

彼は考えや感情が自分の生活に作用することをはっきり気づいて心の中のあいまいな箇所

を整理したと、私は信じています。人間は考えたり感じたりしたもの、真実だと考え感じたものより以外には経験することはできないのだということを、彼ははっきりと心で認めるようになりました。

もし失敗することを想像して、自分が負けるのだと感じたならば、障害物を乗り越えて成功することも勝利をおさめることもキットできないだろうと私は彼に話しました。あなたの経験とはあなたの心の中の態度や信念にピッタリあてはまり、相関するものですから、この心の法則は非常にすばらしいものだと考えられています。

「嫉妬や恐怖、怒りまた所有慾という心の型を持ち続けるかぎり、解決は得られないから離婚してもその解答にはならないのだと今私はわかりました。私は自分自身を変えねばなりません。私の妻を不正に非難していましたが、私のまちがった行為や泥試合の帰する原因は私自身の罪や恐怖や、不安な心の現われだったことを今知りました」と彼は私に申しました。

彼は聡明な推論をするようになりました。彼には現在の妻を離婚してしまって別の人と結婚することはできたでしょうが、それでは嫉妬や非難、落胆や自分に対するあわれみ、抑圧された怒りといったやはり同じわびしい心の持ちかたの繰り返しにすぎないことを悟ったのですから、毎日しばしば彼は次のように確信し始めました。

同時に二つのことをすることはできません。二つの物が同時に同じ場所にあることができないということも私は知っています。愛と恨みの考えを同時に持つことはできません。妻のことを考える時はいつでも私は自信をもって「神の愛が彼女の魂を満たします。彼女に対して平安と調和と善意とを撒きちらします。私どもの結婚は精神的な結合であります。私は神と共にそしてすべての人々と共にある者です」と述べるのです。私は妻の生涯を満たされた完全なそしてすばらしいものにすることができるのを知っています。愛と真実と完全を持っているものだけが私たちのするような経験を味わえるのです。

彼の妻は離婚を願ってはいませんでしたが、彼の誤った証拠のない申立や毒舌にうんざりしていました。彼が自分の心の学問に関心を持つようになったことを聞いて、彼女は喜び、彼の精神的転換に有頂天になりました。彼らは二人とも以後法則を正しい方法で使用しています。

原稿がなぜ出版されなかったか

昨年ハワイで一人の男と会見しました。その人は私に原稿を見せてくれました。私はそれを読んで非常に深い印象を受けましたが、彼は十二の出版社からことわりの通知を受け取っていたのでした。私どもの成功も失敗も体の健康も苦悩も私どもの意識する心の状態が正確に現われた結果なのです。これこそ私どもが考えたり、感じたり、信じたりするやり方であり、私どもが精神的な承諾を与える物はなんでもそのとおりに表現されるので、彼のこのみじめな結果は、彼の心の法則が完全に働いたためなのでした。

この男は、心の中に自分が拒否される姿を描いていました。彼の考えが行動で彼の経験はその反動でした。行動と反動は一致したのでした。そこで彼は精神的な態度をひっくり返して大胆にこう確信いたしました。

無限な広大無辺な英知は私の原稿を受け入れ、出版し、すばらしく申し分なく進めてくれる理想的な出版業者を私に知らせてくれます。私はこの考えを完全に私の心に受け入れます。私の心は映画の映写技師に似ていることを知っています。もしスクリーンに映じた写真が嫌いならば、私はフィルムを変えて新しい場面を映写することもできるのです。同様に私の精神的な内容はいつも脚色されて私の客観的な世界に描き出されるのです。私の考えと感情が私の未来を予言することを私は知っています。私は今私の心に調和、神の導き、正しい行動という建設的な考えを祭りあげます。私は私のほんとの価値を意識しています。そして私の目的を具体化する神に対して深い変わらぬ尊敬を抱いております。潜在意識の無限の英知が私の習慣的な考え方に答えます。恐怖の考えが心にはいって来る時はいつでも、私は静かに「私の生活のあらゆる面で行動しているのは神であり、私のあらゆる願望を正しい時に正しい方法でもたらすのです」と要求いたします。

この広大無辺なものに従って心を整理し直すと、彼に導きがあって、ある出版社を見出しました。そこが彼の原稿を受け入れて出版してくれました。そしてそれが大成功を納めました。彼は今次の本を書いているところです。

●「不利な立場に置かれた」と信じていた女性

ロサンジェルスで一人の婦人と興味ある会見をいたしました。彼女は私がウイルシャー・エベル講堂で『人生は思うように変えられる』という私の著書についての講義をした時に出席しておりました。「私の生活は運命によって決められているようです。何もかも不利に不利にといっているとしか思えません。過去四年間に四人の男と婚約しましたが、毎年その人たちがそろいもそろって結婚式の直前に不時の死を遂げてしまいました」と彼女が語りました。

私は彼女にラルフ・ワルドー・エマーソンの運命に関する解説を読むか聞くかしたことがあるかとたずねました。するとないという答えでした。人は連辞（つなぎ、結合）が隠されているから自分の運命を別のものと考えるのだ。しかし魂は（潜在意識）はそれにふりかかるでき事を中に含んでいる。なぜならそのでき事とは潜在意識の考えの現実化したものにすぎないからだ。われわれが自分自身に対して祈るものはいつも叶えられる。でき事はあなたの形の複写であり、皮膚のようにあなたにピッタリあてはまる。

彼女は自分の中にある訓練や調節や神学的な概念、また感動的な受取り方や考えや感情そして信仰という面から自分の環境や経験、でき事を決定するのだと説明いたしました。また彼女の潜在意識が常に彼女の習慣的な思考や信念を再生していること、生活を変えるためには考えを変えてそれをいつまでも持続せねばならないことを述べました。彼女は他の男女の生命を支配できないのだという事実を念入りに筋道たてて話しました。また彼女の婚約者や知人、父母あるいは友人が死んだり、事故や他の惨事で突然に世を去っても、各人が自分自身の意識する心の状態を立証して示しているのですから彼女は非難されることはないのだと詳しく述べました。実際、彼女は自分が引きつける人はだれでも最初の婚約者と同じ運命に遭うだろうと絶えず意識的に、無意識的に恐れていたのでした。「それがそのたびごとに起こるということを私は知っていました。それが宿命なのです」と彼女は私に申しました。

　彼女は自分の心の法則と彼女が自分にしていたことを理解し始めました。ヨブは私の恐れるものが、私に臨み……（ヨブ記第三章二十五節）と申しました。彼女のこの心の動きすなわち作用が、彼女から幸福や安寧、夢の完成という意識を奪ってしまっていたのです。そこで彼女は次の世界に意識が移ろうとしている男性たちを引きつけていたのでした。彼女は心の態度を逆にして大胆に肯定いたしました。

　二つの似ないものどうしはお互いに抵抗することを知っています。私は神と共に歩み、話します。そして神が私を導いていること、調和の法則が常に私を治めていることを信じます。不調和と調和が共に住まないことを、また叫ぶと同時に笑うことはできないことを私は知ります。神が私を愛し、心配してくれることを、また私を神が導いて指図するということを要求し、感じ、信じる時、神の法と秩序が私を治めているので壊れた汽車に乗ることは不可能だと私は知るのです。同じように、完全に精神的、理性的、肉体的に私と調和するすばらしい男性を私が引きつけていることを知って神の愛の光の中を歩む時、法則がそれに応じて答えることを私は知っています。心の中でその人に会ってしまうと、私は心の外でも会わねばなりません。これは私の心の法則だからです。いまやそれが神の心の中で完成されていることを知っております。

上記の祈りの言葉を広大無辺な力といっしょによく熟考したところ、二、三週間経って彼女はある歯医者に会って求婚されたのでした。そして私がその結婚を司どる喜びを得ました。彼女は恐怖を信仰と自信に置き換えたのでした。そして広大無辺な法則を正しく用いる時奇跡が起こるということに気づいたのでした。

いっしょうけんめい祈って働いたが栄えなかった男

ある若い支配人が『あなたも金持になれる』の中に出てくる文句を用いてきちんと祈って、信じているが少しもいい結果が得られないとブツブツ言って不平をこぼしていました。この若い男の悩みは彼が自分自身から良いことを盗み出してしまうことでした。彼の仲間の昇進と俸給の増額を羨しく思ったことを彼は私に打ちあけました。また彼はボスのように莫大な富をもって頭が明敏で、利巧ならいいとむやみにうらんでいました。彼はだれも破ることのできない広大無辺な法則について私が告げている時、むさぼるように耳を傾けて聞いておりました。

広大無辺な法則は人間の心（潜在意識）の中にある全然誤りを犯さない不変不易の永遠の法則であります。どの考えもみな行動の始まりであり、潜在意識からそれに該当する反応を喚起して考えそのものを示す傾向があるのです。出エジプト記第二十章に、あなたはむさぼってはならない……と書いてあります。この言葉は彼の場合は他人の持っている物を極端に理不尽に羨しく思ったということを意味するのです。これは、彼自身の内にある損失、不足、限度という気持であって、その心の法則に従って面目や元気や昇進をなくし損失をいちだんと引きつけてしまったのでした。このようにして一般に人は自分を貧しくしているのです。

　彼が心の中に精神的に望ましい状態を造るのでなければ、生涯彼はなにも達成することができないと私は彼に指摘し、「無料の昼飯」とか、ただの物などは存在しないのだから、適切な確信を抱き、善き物を要求し、感じ、精神的に受け入れねばならないのだと話しました。そのように実行した時にだけ彼の善きものが自動的に後に続いて来るのです。

　彼は羨望、嫉妬、貪欲といった今までの考えで、富、健康、平和、繁栄を自分自身から盗み出していたことを悟りました。彼の考えは仕事、財布、生活のあらゆる面にそっくり現われてまいりました。

　彼が規則正しく整然と次のように賢明に祈ると、彼は喜ばしい満足を覚えました。

　すべての仲間や世界中の人々のために私は心から成功、しあわせ、平安、富、繁栄を望みます。彼らの昇進、成功、発展を私は喜びます。私は今神の遍在と全活動についてゆっくりと考えます。この無限の広大無辺な知恵が惑星が軌道を動くように導いていることを私は知っています。この同じ神の英知が私のあらゆる事柄を支配して導きます。神の理解がいつでも私のものであることを要求して信じます。私のすべての活動はこの内在する広大無辺なものによって監督されていることを知っています。神の知恵、真理また美はいつも私によって表現されています。響きの中にあるすべてを知り賜うものが、この広大無辺な力でなにをするか、どうするかを知っています。私の事業も職業もそれによって完全に監督され支配され導かれます。神の指導は私のものであります。

羨望、嫉妬、貪欲という考えが心にはいってきた時にはいつでも、彼はこう確信いたしました。「私は彼のために（彼女のために）生活のあらゆる祝福を望む」と。しばらくして否定的な考えがその勢いをなくしました。そして彼は自分のために広大無辺な力を働かせるように心の具合を調節し直しました。それ以来彼はすばらしい昇進を勝ちとりました。

法律で戦争を追放しようとした男

最近私はパーム温泉で一連の講演をしましたが、その時私が滞在していたホテルで一人の男に戦争を非合法化する書類に署名してくれと頼まれました。これまで二万人の署名を得たのでこれから数千万人の署名を得るつもりだと彼は言っていました。彼はそれを議会に提出してその署名で戦争を追放する法律を通過させよう、また他の国々にも同じことをするように促そうとしているのでした。これは非常につまらないたわごとであります。

私たちは話し合いました。私は彼に人々は平和のためのあらゆる文書に署名して世界中の議会すべてに提出できるがそれは役にたたないだろうと説明いたしました。平和に関する政府の法令や正式の契約や誓約に無数の国家が調印しても、それを書いたインキが乾かないうちにしばしば破られてしまうことは歴史が証明してくれています。議会も立法政府も平和や調和、安全、豊富、隣人の愛を法律の手続きで規定するわけにはいかないのです。これらはすべて人間の精神と心の中に定められ、制定されるのです。平和は個人に始まります。人が自分の中に平和をもてば自分の妻とも友人たちや同僚ともまた世界中のすべての人々とも同じように平和でいられるでしょう。

もし人が怒りや恨みや敵意や抑圧された憤激でいっぱいになっていれば、その人は自分とも、世間とも不和なのです。国家は個人の集合体です。それ故に平和に対する法令を書くべき唯一の場所と方法は、自分の中にある平和の神と個人が波長を合わせることによって、自分を通して流れる平和や愛や調和や喜びの流れを、個々の人が感じることによってでありま す。その上、人が自分の中にある無限の心に行くことができ、そこでそうありたい、したい、手にしたいと欲するものを要求し感じることができると悟る時、無限の英知が答えてくれます。そして彼は生きている人の髪一本痛めることなく欲するものを持つことができることに気づくでしょう。

戦争というものは、恐怖、憎しみ、貪慾、復讐、怒り、煩悩から生まれてきます。だから人間に対する人間の残虐行為は無数の人々を悲しませるということを私はつけ加えました。

神が愛ならばなぜ神は戦争を止めないのか

これは私の講演で提出されたもう一つの問題であります。一人の婦人が「もし神が愛であり、善で、叡知であられるならば、なぜ神は戦争や犯罪や殺人や略奪を止めないのですか。なぜ何千万もの子供たちを餓死させたり、無数の人々の足を悪くしたり、戦争の破壊によって身障にしたり、するのですか」とたずねました。彼女は神に怒っているように見えました。

その答えはひどく簡単です。神は普遍的な存在であり、広大無辺な力であり、広大無辺な規模で万人共通の見地から働く最高無限の英知なのであります。その法則は、簡単に述べれば、万人共通のものが個人となることによって、特別のものすなわち個という水準になることによってだけ行動が可能だということなのです。換言すれば、神は世界を支配し、専ら広大無辺な水準に従って行動し、個体やリズム、秩序や美そして釣合いとして働いているのです。神があなたを通して作用しうる唯一のやり方は、あなたの考えや感情や精神的な心象を通してであります。

あなたは意志作用や選択や進取の気象を持っています。あなたは殺害者になる自由も信心家になる自由も持っています。そうでなければ人間ではないのです。あなたは善くなるように、神聖であるように強いられてはいません。調和や平和、喜び、愛、豊かさそして生活のあらゆる祝福を選ぶ自由を持っているのです。

あなたは自分の夫や妻を愛することを強いられてはいません。あなたは「私は世界中の人人の中から彼を（彼女を）選びます」と言いました。……あなた方の仕える者を、きょう、選びなさい……（ヨシュア記第二十四章十五節）。

人間が情緒的に未熟なままでいる限り、恨みや悪意、嫉妬、嫌悪また怒りを抱いている間は、彼は自分とも他人とも不和なのであります。その一人の人を何倍にもふやしてごらんなさい。そうするとそれが国家になるのです。

神の法則は個人と国家と世界を治めます。神は戦争や犯罪や疾病また不和や事故を止めることができません。あらゆる判断は息子に与えられます。その息子とはあなたの心を意味するのです。あなたが考えるやり方で、あなたは自分を評価するのです。

あなたはあなた自身の精神と心に平和を率先してもたらすものであります。そうすればあなたの世界は平穏でありましょう。あなた以外にあなたを変える者はいないのです。今始めなさい。

……すべて真実なこと、すべて尊ぶべきこと、すべて純真なこと、すべて愛すべきこと、すべてほまれあること、また徳といわれるもの、賞讃に値するものがあれば、それらのものを心にとめなさい（ピリピ人への手紙第四章八節）。

これをしますと、あなたの全世界は魔法のように溶けて、あなたが自分自身について考えている姿、形に生き写しになるでしょう。そしてあなたの心の砂漠は生き生きとよみがえりバラのように栄えるでしょう。これは広大無辺な力があなたのために奇跡を起こしているからなのです。

★要　約……心に止めるべき諸点

1　心の広大無辺な法則は一般的で人を尊敬したりしません。あなたは法則を破ることはできません。というのはそれはあなたの心の中に書かれ、あなたという存在の霊的な部分に彫りつけられているからです。その法則とは、あなたは自分が考えているとおりのものを創るということ、あなたは感じるものを引きつけ、心の中に描くものになるということです。

2　数学や物理化学や電気の法則はあなたの心の中で作用している法則と異ったものではないのです。もし電気の原理を誤って使用したり、まちがって管理すればあなたは面倒を引き起こします。もしあなたが否定的な考え方で、心の用い方を誤ったり、まちがった指図をしたりすれば、あなたは面倒をひき起こすでしょう。

3　作用も反作用もすべての性質に行き渡っている普遍的なものです。あなたの考えは作用なのです。そしてその反作用はあなたの思考生活に対する潜在意識の答えです。考えとその現われとは、一つなのです。あなたは一つのことを考えて別のものを生み出すことはできないのです。あなたの考えとあなたの経験は一つなのです。

4　自分の夫を誠実でない者として心に描き、絶えずこの線で考えている妻は、文字どおりに恐れていることを経験するかもしれません。このようにして彼女は心の法則を達成して自分が一番恐れていたものを受け取ることになるのです。

5　心の中に失敗の姿を描いているかぎりあなたは成功も成就も勝利も実現できないのです。あなたの失敗のイメージは空間の映写幕に演じられるでしょう。

6　二つのものが同時に同じ場所に存在することはできません。同様に成功と失敗を同時に考えることもできません。成功を考えて、心のレンズの焦点を成功に合わせ、成功できるあらゆる可能性に合わせなさい。するとあなたは成功するでしょう。

7　心の中に精神的な拒否のイメージを持てば同じことをあなたは経験しましょう。心の中にあるとおりに外側に現われてくるのです。

8　トランプのカードはあなたに不利ではありません。あなたの考えや感情があなたの運命を創るのです。あなたの未来は、あなたの現在の考えが広大無辺な力で表わされたものなのです。

9　似ないものは互いにはねつけます。もし神があなたを導いていて、調和の法則があなたをいつも治めているのだと信じるならば、壊れている乗物に乗っていても怪我をするはずはありません。

10　他人を羨望し、他人のものを欲しがるのは自分自身を貧しくすることです。あなたに不足とあらゆる種類の制限を引きつけることなのです。

11　どんな政府も議会も平和や調和、愛、繁栄あるいは安全を法律で制定することはできません。これらは広大無辺な力の源泉と個々の人がすべて波長を合わせた時、その人たちの精神と心の中で規定されるのであります。

12　神は普遍的な心すなわち万物共通のものだけの水準で作用している広大無辺な存在なのです。戦争や病気や犯罪を神は追放することはできないのです。神はあなたの考えや感情や心象を通して働き、役目を果すのです。

13　神は人間ではありません。神は広大無辺な普遍的な霊です。あなたとは個々に区別された神の表現なのです。あなたは意志や選択や進取の気象や広大無辺な力を用いるという霊的な知識を、すべての物の中であなたの最高の善のためにはいつでも役だてることができるのです。

あとがき

津田塾生時代にお世話になったガピー先生が、なにかの折りに、つぎのように言われました。「人間の病気は無知と恐怖と不信から生じるものだ。ひどい湿疹もどんな怪我でも祈れば必ず治る。また同じ信仰を持っている者どうしが、いっしょになって手を握って祈ればなおよく治る。医者なんかいらない」と。驚いた私は、「そんなことってあるでしょうか」といったら、「ある。その根本の原因を除けば、いいんだから」と言われ、ご自分もそういう信仰の会の会員で、どんな時でも医者にかからないんだとその時申されていました。そしていろんな実証を聞かしてくださいました。それはアメリカのクリスチャン・サイエンスとかいう会だそうで、新聞社でもなんでもある非常に大きな組織なんだと当時先生はおっしゃっていました。それを基礎づけた人は婦人で、その方が怪我で首の骨を折り、医者もだめだと匙を投げた時、心から祈っただけで治ったのがクリスチャン・サイエンスの起こりだともうかがいました。その後クリスチャン・サイエンスという名前を耳にするたびにアメリカの宣教師だったらしいガピー先生の静かな信念に満ちたお姿を思い出すくらいで、先生の申された人間の心の世界に存在する厳かな実体など考えてもみずに今日に至った私でございます。

ところが不思議な御縁で大島淳一先生のご指導を仰いでいるうち、マーフィー博士の著書『眠りながら成功する』、『あなたはこうして成功する』、また『あなたも金持になれる』を読む機会に恵まれました。訳本の表題は原書のとは異り一寸週刊誌にでも載りそうなスマートさなのですが、その内容はどうしてどうしてそんな生やさしいものではなくて、人間そのものの本体を過去数千年に渡って、あらゆる哲学者や心理学者が解明しようとしてきた、むずかしい問題を実にやさしく実際的に説いているのに私は眼を見はりました。そのうち、翻訳をしてみないかとおすすめを受けて“*The Cosmic Power Within You*”を手がけ、『人生に奇跡をおこす』という表題で世に送る喜びにひたっています。「君は春秋富む」と菅公が言われましたが、私は既に人生の冬に在る者です。思うこと考えることがたくさんありますが、第四次元の世界を目のあたりに見るこの束の間の人生の冬に生きる今、人とは何か、何んのために、どういう心構えで、などという厳粛な問題に私の心の眼を大きく開かせてくださったマーフィー博士に、またいろいろとご教示ご指導をいただいた恩師大島淳一先生に心から深く感謝申し上げます。

玉木　薫

新装版　人生に奇跡をおこす　〈検印廃止〉

著　者　ジョセフ・マーフィー
訳　者　玉木　薫
発行者　田中　秀章
発行所　産業能率大学出版部
東京都世田谷区等々力 6 - 39 - 15　〒 158 - 8630
電話　03（6266）2400
FAX　03（3211）1400
URL　http://www.sannopub.co.jp/
振替口座　00100 - 2 - 112912

1970 年 9 月 15 日　初版　1 刷発行
2004 年 6 月 25 日　38 刷発行
2014 年 6 月 30 日　新装版　1 刷発行

印刷所 / 渡辺印刷　製本所 / 協栄製本

（落丁・乱丁本はお取り替えいたします）　ISBN978 - 4 - 382 - 05708 - 1